Editor

k

k

k

혹시라도 실수로 이 책을 구입한 독자가 있다면 사과부터 하고 싶다. 이 책은 당신의 인생을 바꿀 만한 책이 결코 아니다. 《코스모스》처럼 우주의 진리를 파헤치지도, 존경받는 스님의 명언처럼 삶의 통찰을 주지도, 부자가 되는 추월차선을 알려주지도 않는다. 지적 대화를 위한 그 어떤 도움도 안 될 것이다. 그럼에도 불구하고 기어코 이 책을 읽고자 한다면 나는 당신이 이런 위안을 가져갔으면 좋겠다. '세상에는 이렇게 사는 사람도 있구나, 이렇게 살아도 괜찮다고 스스로 보듬는 젊음이 있구나.' 사람들은 자신보다 부족한 사람을 보면서 위안을 받는다고 하니까, 오늘만큼은 그게 나였으면 좋겠다. 허락한다면 이 책이 나와 같은 좌충우돌의 청춘들에게 응원의 도구가 되었으면 좋겠다.

괜찮은 척하면 진짜 괜찮아져

김건태 지음

망하지 않으려는 K의 실패형 생존 에세이

Prologue

이 책이 당신 인생을 바꾸진 않겠지만

　순진했다. 소설을 쓰면 '해리 포터' 시리즈 작가처럼 억만장자가 될 줄 알았다. 수영장 딸린 대저택에 살며 제비집 수프 같은 음식도 실컷 먹을 수 있을 줄 알았다. 기우였다. 책을 써 부자가 된 사람은 있어도, 그게 나는 아니었다. 나는 소설가가 되기에 끈기와 재능이 부족한 인간이었다. 졸업 후에 쌓일 대로 쌓인 대출금을 앞에 두고 생각했다. '과연 죽기 전에 이 빚을 청산할 수 있을까?' 뭐 어찌 됐든 돈을 벌어야 했다.
　첫 단추를 이상하게 끼웠다. 등단을 포기한 순간, 덜컥 《AROUND》라는 라이프스타일 매거진 에디터가 되어버린 거다. 매거진은 뭐고 에디터는 또 뭐람? 기사는 어떻게 써야 하고, 회사 생활은 어떻게 해야 하는지, 인간관계는, 사랑은 어떻게 해야 하는지, 아무도 알려주지 않았다. 매일 글 쓰고, 취하고, 춤추고, 넘어지기를 반복하면서 아주 조금씩 배웠다. 그렇게 10년이 넘는 시간이 흘렀다. 애송이 시절에 모은 에세이 중 애착이 가는 몇 편의 글을 책으로 엮었다.

혹시라도 실수로 이 책을 구입한 독자가 있다면 사과부터 하고 싶다. 이 책은 당신의 인생을 바꿀 만한 책이 결코 아니다. 《코스모스》처럼 우주의 진리를 파헤치지도, 존경받는 스님의 명언처럼 삶의 통찰을 주지도, 부자가 되는 추월차선을 알려주지도 않는다. 지적 대화를 위한 그 어떤 도움도 안 될 것이다. 그럼에도 불구하고 기어코 이 책을 읽고자 한다면 나는 당신이 이런 위안을 가져갔으면 좋겠다. '세상에는 이렇게 사는 사람도 있구나, 이렇게 살아도 괜찮다고 스스로 보듬는 젊음이 있구나.' 사람들은 자신보다 부족한 사람을 보면서 위로를 받는다고 하니까, 오늘만큼은 그게 나였으면 좋겠다. 허락한다면 이 책이 나와 같은 좌충우돌의 청춘들에게 응원의 도구가 되었으면 좋겠다.

이 책이 나오기까지 특별히 고마운 사람들이 있다. 내 오랜 선배이자 친구인 김이경 편집장님, 그는 내가 아는 가장 자유롭고 멋진 마인드를 가진 사람이다. 부족한 글이 책으로 나올 수 있게 허락해 주어 감사하다. 또 한 명은 이 책을 편집한 이주연 에디터님이다. 그는 내가 아는 가장 사려 깊고 똑똑한 동료이며, 또한 러블리한 사람이다. 불안해하는 나를 토닥이며 멋진 책을 편집해 준 것에 무한한 감사를 드린다. 끝으로 스튜디오 고민 이영하

실장님이 이 책을 디자인해 주어 행복하다. 세상 가장 힙한 디자이너의 책을 가질 수 있어서 영광이다. 그 외에도 고마운 사람이 많지만, 노벨상을 받은 것도 아닌데 유난 떠는 것 같아 이쯤에서 멈춘다. 무엇보다 내게 책을 허락해 준 지구 반대편 아마존 나무들에게 감사한 마음을 전한다. 로또에 당첨된다면 이 책을 구입한 모든 분께 맛있는 평양냉면을 대접하고 싶다.

Contents

Prologue
이 책이 당신 인생을 바꾸진 않겠지만   004

Chapter_A
지금 이 순간 당신에게 가장 의미 없는 일을 하세요

뼈가 아름다운 사람	013
각자의 해피엔딩	020
네 얼간이	028
한때는 뼈대 작살이었던 사람	036
세 얼간이	044
잠시 군대 얘기를 해도 되는지 여쭤봐도 되겠습니까?	050
남매는 누가 더 바보처럼 구는지 경쟁하며 논다	058
그렇게 아브지가 된다	066
우리의 마지막 집밥은 언제가 될까	074
나의 분홍색 할머니	080
나의 이사 연대기	090
어떤 편지	098
작고, 더 작은 하루	104
결핵과 문학과 라이터	110

Chapter_B
단언컨대 세대를 아우르는 유일한 장르는 슬랩스틱이다

메시를 찾아서	121
딱 하루만큼의 관계	128
말로와 나, 호도협 가는 길	136
말로와 나, 신짜오 사탕 수수!	146
말로와 나, 앙코르 캄보디아	158
말로와 나, 헬로 엘리펀트	166
엄마를 찾아서	182
1만 루피짜리 짜이 한 잔	192
피의 여행	200
퇴사하고 발리 가서 서핑하는 이야기 1	208
퇴사하고 발리 가서 서핑하는 이야기 2	216
우붓의 원숭이 소굴	224
내가 깊은 잠에 빠지면 모두가 웃어줘	232

Epilogue
240

Editor

k

k k

...

Chapter_A

지금 이 순간 당신에게 가장 의미 없는 일을 하세요

k

k k

...

뼈가 아름다운 사람

미국 드라마에는 신발을 신고 침대에 눕는 장면이 종종 나온다. 은행나무를 가로수로 사용하는 우리나라에서는 상상도 못 할 일이다. 그 이상한 행위의 기원은 무엇일까, 궁금해하다가도 귀찮은 마음에 '미국인은 참 너그럽구나.' 하고 넘어간다. 어느 날 <어서와~ 한국은 처음이지?>라는 프로그램에 키가 2미터는 족히 돼 보이는 외국인 친구들이 좌식 식당에서 음식을 먹는 장면이 나왔다. 쭈뼛쭈뼛 신발을 벗고 좁은 자리에 낑겨 앉는 모습이 어색하다 못해 난처해 보였다. '한국에서는 식사를 하기 위해선 신발을 벗는 풍습이 있군. 오리엔탈 문화를 무시해선 안 돼!' 어쩌면 그런 생각을 했을까? 최대한 불편한 기색을 보이지 않으려 노력하는 얼굴이 안쓰러웠다. 얼마 지나지 않아 그들은 무언가 신호를 받은 듯 일제히 몸을 움찔거리기 시작했다. 그분이 오신 거였다.

혈액 순환이 좋지 않은 나는 좌식을 싫어한다. 양반다리를 하면 무릎이 시큰하고, 다리를 펴고 앉으면 허리가 아프다. 그렇다고 무릎을 꿇는 건 너무 경건한 느낌이라

부담스럽다. 문제는 사무실 주변의 맛집이 대부분 좌식이라는 거다. 매일 햄버거나 편의점 도시락을 먹을 수는 없으니 대부분은 고행하듯 점심시간을 보낸다. 한번은 식사를 마치고 자리에서 일어나려는 순간 난데없이 스파크가 튀었다. 엄지발가락에서 시작한 전기가 장딴지를 타고 허리와 어깨를 찌른 뒤 목 뒤로 빠져나갔다. 찰나의 순간, 좀비처럼 몸을 이리저리 꺾다가 대자로 뻗고 말았다. 하루하루 몸이 낡아가고 있다고는 생각했지만 이렇게 극적일 줄은 몰랐다. 동료들의 부축을 받으며 조금 울었다. 나는 개에 물린 사람처럼 다리를 절며 생각했다. '올 것이 왔군.'

다음 날 연차를 내고 정형외과에 갔다. 병원 대기실에 앉아 노인들과 함께 <아침마당>을 보면서 문진표를 작성했다. 그런데 어떤 부위가 아프냐는 문항에 선뜻 답을 적을 수가 없었다. 발가락, 무릎, 허리, 목, 어느 한 곳을 특정하기 힘들었다. 할 수 없이 '몸의 왼쪽 전부'라 적고, '찌릿찌릿'이라고 덧붙였다. 피카츄 그림을 그리려다 관뒀다. 엑스레이를 찍고 체온 측정을 마친 뒤 의사와 면담했다. 진찰실에서 의사는 척추가 S자로 휜 엑스레이 사진을 가리켰다. "자, 보이시죠?" 아름다운 곡선이었다. "이게 김건태 씹니다." 네, 선생님. 그 뼈가 저군요. 의사는 왼쪽과 오른쪽 다리의 체온이 다른 것으로 미뤄볼 때 디스크가 의

심된다고 했다. 혈액 순환이 원활하지 않은 쪽의 온도가 낮은 거라고 그는 덧붙였다. 의사는 엑스레이를 가리키며 평소 나의 행실을 꼬집었다. "다리를 꼬는 습관이 있죠?" "아뇨, 저는 다리를 꼬지 않는데요." "서 있을 때도 삐딱하게 짝다리 짚고 그러죠?" "아뇨, 선생님. 저는 양쪽 다리 공평하게 정자세만 고집합니다." "잠잘 때 모로 누워서 자고 그러잖아요." "아뇨, 군대 때 버릇이 남아서 차렷 자세로만 자는 걸요." "아니, 왜 병원에서 거짓말을 합니까?" 선생님은 화가 난 것 같았다. 어떻게든 내 잘못을 지적하고 다음 단계로 넘어가고 싶은 듯했다. "어, 어쩌면⋯ 학창시절에 가방을 한쪽 어깨로만 메던 습관 때문인지도 모르겠어요." "바로 그거죠. 그겁니다. 아주 잘하셨어요." 뭘 잘했다는 건지는 모르겠지만, 그가 웃으니 나도 기뻤다.

의사의 말을 정리하자면 이랬다. 순수하게 직선으로 뻗은 최초의 척추가 가방 때문에 한쪽 방향으로 휘었고, 휜 척추의 균형을 맞추려 습관적으로 골반을 움직인 것이 지금의 불균형한 모양을 만들었다는 것. 문제를 문제로 덮으려 하니 문제는 해결되지 않고 더 큰 문제가 되었다는 게 그의 설명이었다. 그러면서 이 사달을 해결하려면 집중적인 치료가 필요하다고 했다. "선생님, 그게 무엇인가요?" 회당 13만 원짜리 도수치료가 그의 대답이었다. 최소 10회를 받아야 하니 실질적으로는 130만 원을 한 번에 지불해야 한다고 했다. 몸을 잘못 사용한 대가치고는 가혹했다. 불현듯 의사의 친절한 얼굴이 내 지갑을 털기 위한 가면처럼 느껴졌다. 이 하찮은 몸뚱어리에 그만한 돈을 쓰는 건 범죄 아닌가? 손사래를 치며 자리를 박차려는 순간 의사가 말했다. "늦으면 더 많은 돈이 필요할 거예요. 잘 생각하세요."… 이것은 협박인가? 잠시 후 간호사가 거들었다. "선생님, 다음 환자 들여보낼까요?" 불안감을 조성한 다음 그것을 생각할 시간마저 빼앗는다. 멋진 전략이었다. 몇 번이고 합을 맞췄을 콤비 플레이에 감탄하며, 나는 적금을 헐어 100만 원이 넘는 돈을 결제했다.

도수치료는 두 단계를 병행했다. 기구를 사용하는 자세 교정 트레이닝과 근육을 직접 만져 바로잡는 물리치료가 그것이었다. 트레이너는 크고 비싸 보이는 기구의 사용법을 알려주고는 멀찌감치 떨어져 사람들이 기구를 고장 내진 않는지 감시했다. 타이머를 손에 쥐고 계획한 시간을 버티지 못하면 실망했다는 표정을 지었다. 행여 그가 고개를 젓기라도 하면 세상 가장 무능한 사람이 된 것 같은 기분이 들었다. 물리치료는 1인용 침대에서 이뤄졌다. "자, 오늘은 어디가 불편하십니까?" 그날그날 불편한 부위를 말하면 치료사는 숙련된 정육사처럼 통증 부위를 손질했다. 엄지에 체중을 실어 뭉친 근육 어르고 달랬다. 아니, 달랬다기보단 윽박지르는 방식으로 통증을 분산시켰다. 참다못한 내가 소리를 지르면 기다렸다는 듯 옆방에서도 앓는 소리가 들렸다. 그러면 치료사는 소기의 목적을 달성했다는 표정으로 통쾌하게 웃었다. 치료사의 텐션이 높은 날에는 모든 방에서 동시에 샤우팅이 터지기도 했다. 모르긴 몰라도 도수치료사 중에는 사디스트가 있는 게 분명하다.

그렇게 흘러 흘러 한 달의 시간이 모두 지났다. 힘들게 모은 130만 원이 순식간에 사라졌다. 도수치료를 받으며 정말로 효과가 있느냐는 질문을 많이 받았다. 한 번 굽은 척추가 다시 정상으로 돌아왔느냐고. 기적이 행해졌느냐고. 결론적으로 말하자면 뼈에는 변화가 없었다. 치료를 시작하며 많은 기대를 했고, 모든 과정이 끝나고 완벽한 직립 인간이 되길 바랐다. 하지만 설 수 없는 사람을 일으키고 눈먼 자를 밝게 하는 건 오직 신의 영역이었다. 작가 말콤 글래드웰은 어떤 부분의 변화가 있으려면 1만 시간은 필요하다고 했다. 단순 계산하자면 내 몸이 변하려면 두 시간짜리 도수치료를 5천 번은 더 받아야 하고, 그러려면 130만 원이 아니라 6억 5천만 원 정도가 필요하다는 것도 알았다. 그렇다고 이 모든 과정이 허튼짓이었느냐 하면 그건 아니라는 생각이다. 두어 시간 운동을 하고 마사지를 받으면 일단 기분이 좋았다. 적어도 1그램 정도는 몸에 좋은 일을 한 것 같았다. 그렇지만 의사의 말처럼 치료 효과는 영구적인 것이 아니고, 그를 유지하는 데 더 큰 노력이 필요하다는 걸 이제는 안다. 도수치료를 받는 동안 가장 많이 듣는 말은 "견디세요."였다. 코어의 힘을 기르기 위해 견뎌야 하고, 일자목에 곡선을 만들기 위해 견뎌야 하며, 사디스트의 지압을 견뎌야 한다. 그 견디라는 말은 치료가 끝난 뒤에도 환청처럼 내 귓가에 머물렀다. 핸드폰을 보려고 고개를 내리는 순간, 카페에서 무의식적으로 다리를 꼬는 순간, 지친 몸을 소파에 모로 눕는 바로 그 순간순간마다 '견디세요 요정'이 나타났다. 그는 경멸하는 눈빛으로 나를 보며 속삭였다. "이딴 자세로 있을 거면 돈은 왜 썼어? 고기나 사 먹지." 죽기 전에 마지막 음식으로 무엇을 먹고 싶냐는 물음에 내 대답은 늘 '돼지갈비'였다. 그걸 아는 견디세요 요정의 뾰족한 일침. 그럼 나는 슬그머니 자세를 고쳐 앉는다. 내 아름다운 뼈 대신 포기한 양념갈비를 생각하며 입맛을 다신다.

각자의 해피엔딩

 시즌만 되면 예식장을 순례하는 친구가 있다. 직장 동료, 동호회 지인, 지인의 친구, 친구의 누나까지, 주말 알바를 하듯 결혼식에 참석한다. 그에게는 나름의 인생철학이 있다. "식장에 모인 하객 숫자로 그 사람이 성공한 인생을 살았는지 아닌지 가늠할 수 있어." 일면식도 없는 사람들 머릿수를 세며 타인의 삶에 점수를 매긴다. 그러면서 이제껏 기록한 축의금 내역을 보여준다. "지금 이 투자가 나중에 배가 되어 돌아올 거야." 그는 타고난 장사꾼이다.

 그 친구가 가장 좋아하는 결혼식은 따로 있다. "끝나고 피로연이 있대!" 친구는 〈결혼은 미친 짓이다〉라는 영화를 무척이나 좋아한다. 특히 어느 한 장면을 반복해서 돌려본다. "그러니까 네가 기대하는 건, 신랑의 친구와 신부의 친구가 각자의 테이블에서 서로를 곁눈질하다 결국엔 모텔에 가게 되는 그런 결말을 말하는 거지?" 친구는 눈을 반짝이며 의미심장한 미소를 짓는다. 그에 비해 나는 해가 지날수록 세상의 모든 '엄숙하고 근엄하고 진지한' 자리는 피하고만 싶다. 마냥 까불고 싶고 되바라지고 싶고 개다리춤만

추고 싶다. 청첩장을 받을 위기에 처하면 "그날은 집 밖에 나가지 말라는 운세가 있어."라며 너스레를 떠는 쪽이다.

그러다 얼마 전 도무지 피할 수 없는 자리에 가게 됐다. 사촌 동생의 결혼식이었다. '어떻게든 납작 엎드려 이 전장을 빠져나가자.' 얼굴도 모르는 집안 어르신들 사이에서 유령처럼 숨을 참았다. 자녀를 모두 출가시킨 작은 아버지의 여유로운 표정과 달리, 집안의 큰 어른인 아버지의 안색이 좋지 못했다. 웃는 듯 우는 듯 미묘한 얼굴. 나는 고속도로를 달리는 시외버스에서 똥이 마려워 손톱을 물어뜯는 아버지를 상상했다. 나와 동생을 결혼시키지 못했다는 이유로 안절부절못하고 자신의 패배를 인정하는 듯한 표정이 가여웠다. '아버지, 이 또한 지나갈 겁니다.' 나는 은근슬쩍 아버지의 어깨를 토닥였다. 예식이 끝나고 어르신들의 덕담이 쏟아졌다. "그 나이에 아직도?" "어쩌자고 이런 불효를?" "스님이 되려는 건가?" 그런 말들을 한 귀로 흘려들으며 우걱우걱 해파리냉채를 씹었고, 겨자 소스가 코를 쏘는 바람에 찔끔 눈물이 났다. 나는 울면서 더는 결혼할 사촌이 없어서 다행이라고 생각했다. 그날 저녁, 집으로 돌아와 바늘로 손을 땄는데 끈적하고 검붉은 피가 몽글몽글 예쁘게도 솟았다.

"건태는 청첩장 언제 줄 거야?" 누군가 그렇게 물을

때마다 모국어를 잊은 사람처럼 어버버 하게 된다. 결혼과 출산, 육아라는 일련의 과정을 인생의 기본값으로 여기는 다수에게 건넬 명쾌한 대답을 찾지 못한 까닭이다. 미혼이지만 비혼주의는 아니고, 결혼이라는 이벤트에 아무런 기대도 없는 이 기분을 뭐라고 설명해야 할지 모르겠다. 그러다 얼마 전, 나름의 대답을 찾았다. "어차피 이혼할 거 결혼은 해서 무얼 하겠습니까?" 그렇게 말하면 그들은 술에 취한 사람을 본 것마냥 더 이상 내게 결혼을 묻지 않았다.

나의 부모는 13년을 살다 이혼했다. 내가 열두 살, 동생이 여섯 살 때 일이었다. 부모의 이혼과 함께 사춘기가 왔다. 하지만 여느 비행 청소년처럼 본드를 불 용기도, 오토바이를 훔칠 기술도 없던 나는 방문을 걸어 잠그고 디즈니 OST를 들었다. '그리하여 행복하게 살았다.'라는 엔딩에 "개소리야…." 음침하게 속삭이며 울음을 삼켰다. 그 무렵 가장 친했던 친구 '애늙은이(아무래도 나이를 속인 것 같음)' 역시 이혼 가정에 살았다. 그는 조그만 원룸에 함께 사는 어머니와 동생을 끔찍이 아꼈고, 가족을 떠난 아버지를 욕하는 방식으로 억눌린 감정을 표출했다. "그 새끼는 아빠도 아니여. 눈에 띄면 가만 안 둘 거다, 내가." 그러나 아웃사이더인 우리가 세상에 할 수 있는 복수는 많지 않아서, 기껏해야 마트에서 쿨피스를 훔쳐 먹거나 학교 유리창에 축구공을 던지는 게 전부였다. 하루는 애늙은이가 시가를 구해왔다. 우리는 인적이 드문 아파트 단지 구석에 숨었다. "이 개불같이 생긴 게 무려 쿠바에서 건너온 것이다." 그는 성공한 밀수꾼처럼 웃었다. 거뭇한 수염이 자라기 시작한 그가 새삼 존경스러웠다. 애늙은이는 서툰 솜씨로 시가에 불을 붙여 길게 빨아들인 다음 오랫동안 기침을 멈추지 못했다. "마구간 맛이 나. 이게 맞는 거냐?" 애늙은이는 고개를 저으며 절망스러운 표정을 지었다. 허물어져가는 아파트 뒤에 숨어 시가를 나눠 피우는 아이들. 재개발을 앞둔 5층짜리 주공아파트는 군데군데 금이 가 있었고, 불투명한 창문 너머에는 고무 다라이며 훌라후프같이 쓰지 않는 세간이 아무렇게나 방치되어 있었다. "나는 남들보다 일찍 결혼할 거다." 다음 말을 기다렸지만 애늙은이는 말하지 않았다. 무언가 거창한 말을 하려고 뜸을 들이는 줄 알았는데 기침을 참는 거였다. "암튼 쿨럭, 일찍 결혼해서 보란 듯이 살아볼 거다. 쓰벌 존나 남부럽지 않게 살 거란 말이여." 쿠바산 싸구려 시가 연기 때문인지, 눈앞에 있는 비루하고 가난한 풍경 때문인지, 친구의 말은 평소보다 흐릿하고 실체가 없이 느껴졌다. 하지만 차마 그의 말에 딴지를 걸 수는 없었다. '어떻게 하면 남부럽지 않게 살 수 있는 건데?' 그렇게 묻고 싶었지만 말하지 않았다. 애늙은이가 할 수 있는 최대한의 복수는 부도가 누리지 못한 '해피엔딩'을 살아보는 거였다. 그는 멋있는 척하며 말을 보탰다. "건태, 너는 누구의 뜻도 아닌 너의 의지대로 살아라. 너만의 엔딩을 살라고." 나는 갑자기 쑥스러운 분위기를 만드는 그에게 대답했다. "뭐래, 병신이."

내겐 두 명의 어머니와 두 명의 아버지가 있다. 부모가 두 번씩 결혼한 탓이다. 남들과 다르게 네 명의 부모를 가졌지만 내 삶이 특별히 이상한 방향으로 흘러온 것 같진 않다. 기껏해야 친구와 시가를 나눠 피우고 유리창을 깨고 도벽이 좀 생긴 것 외에는 크게 불량한 짓도 하지 않았다. 오히려 부모의 숫자가 늘어난 것이 다행이라 생각한다. 부모라는 이름의 농도가 조금은 옅어진 것 같아서, 가족이라는 무게가 조금은 가벼워진 것 같아서다. 언젠가 (친)엄마와 술을 마셨다. 술에 취한 그녀가 말했다. "도대체 아들은 왜 결혼을 안 하는 거야. 엄마 속상하게." 그렇게 말하는 엄마는 두 번째 이혼을 진행 중이었다. 아무래도 구제불능인 그녀에게 나는 화를 내는 대신, 결혼하면 뭐가 좋은지 10초 내로 말하라는 미션을 내렸다. 엄마는 우왕좌왕했다. "좋은 점을 찾거든 언제라도 말해줘요. 세 번째 남편 소개해 줄게." 엄마는 머리를 감싸고 흔들더니 이내 나를 쏘아봤다. "아들은… 너무 똑똑해서 탈이야."

앞으로 내가 살면서 또 몇 번의 결혼식에 참석하게 될지는 모르겠다. 나이를 먹을수록 "너는 왜?"라는 질문을 받을 테고, 또 그때마다 주머니에 챙긴 소화제를 만지작거려야 할지도 모른다. 어릴 때 싸구려 시가를 잘못 피운 덕에 성격이 괴팍해졌다는 핑계를 대서라도 대수롭지 않게 이혼을 말하는 사람이고 싶다. 너는 왜 결혼을 하지 않느냐는 배려 없는 질문에 당신은 몇 번의 결혼을 더 예정하고 있는지 되묻고 싶다. 그리고 당신이 결혼이라는 가짜 엔딩 이후에도 마주해야 할 고단한 삶에 대해 애정을 가지고 함께 이야기 나눌 수 있으면 좋겠다고 생각한다.

최근에 오랫동안 연락이 끊겼던 애늙은이의 소식을 들었다. 그는 여전히 어머니, 동생과 함께라고 했다. 탈모가 심해져 대머리가 됐다고 했다. 파혼했다는 소문도 있었다. 여러모로 그가 바라던 복수의 방향과는 거리가 있어 보였다. 하지만 그가 지나온 삶이 불행했을 거라고 속단하고 싶지는 않다. 모든 건 누구의 뜻도 아닌 친구 스스로의 의지였을 테니까. 언제든 자신의 방향을 지킬 수 있는 녀석이라고 믿고 싶으니까.

네 얼간이

나는 강남 출신이다. 소위 8학군이라는 곳에서 초중고를 나왔다. 십 대의 나는 세미 힙합 핏으로 줄인 교복을 입고, 강남역 제일생명 사거리에서 친구를 만나 '주공공이' 영화관에서 <엽기적인 그녀>를 보고, 타워레코드에서 우탱 클랜의 최신 힙합을 들은 다음, 베니건스에서 몬테크리스토 샌드위치를 먹었다. 기분이 좋은 날에는 나이키 백 포스를 신고 압구정 로데오거리를 쏠고 다녔다. 이런 이야기를 하면 사람들은 나를 위아래로 훑어보며 코웃음을 친다. "너는 박서준처럼 이마가 보이도록 머리를 넘기지도 않았고 맨발에 로퍼를 신지도 않았잖아. 팔목에 번쩍이는 롤렉스도 하나 없으면서 도대체 뭐가 강남이라는 거야?"

맞다. 사실 앞선 묘사는 그 시절의 내가 꿈꿨던 일종의 판타지다. 학창 시절의 나는 있는 듯 없는 듯 바닥을 깔아주는 아웃사이더였다. 이혼한 부모 밑에 살았고, 그런 이유로 자주 주눅이 들었으며, 또 그런 이유로 공부도 못했다. 그저 짝퉁 나이키를 신은 모태 솔로였다. 강남에서 자란 건 맞지만 진짜 강남 사람처럼 살지는 못했다. 돌이켜보면 그 모든 건 가난 때문이었는지도 모르겠다.

 유령처럼 살던 내가 처음 가난을 인식하게 된 건 중학교 3학년 때였다. 하루는 학교 수업 중에 학생주임 선생이 교실로 쳐들어왔다. 그의 요란한 등장에 판서하던 담임 선생도, 안경잡이 반장도, 교실 뒷자리에서 겨울잠을 자던 일진도 화들짝 놀라 뒤로 자빠졌다. 학생주임 선생은 검은색 절연 테이프를 둘둘 감은 '사랑의 각목'을 목에 걸친 채 미리 준비한 종이를 펼쳤다. "김건태! 애늙은이! 황거인! 박개불!" 이름이 불린 4인방은 영문도 모른 채 교실 밖으로 불려 나갔다. 우리는 차가운 복도 바닥에 손을 짚고 엎드려뻗쳤다. "각각 사랑의 찜질 다섯 대썩, 죄명은 급식비 누락!" 학생주임 선생은 팔뚝을 걷어붙였다. "퍽 퍽퍽 퍽퍽!" 친구들이 엉덩이를 맞을 때마다 둔탁한 비트가 복도를 가득 울렸다. 내 차례가 왔다. "너는 왜(퍽) 급식비를 안 내고(퍽) 지랄이야!(퍽) 너의 부모는(퍽) 뭘 하는(퍽) 사람이야?(퍽)" 왜 나만 여섯 대를 맞았지? 너무 억울했지만 토를 달면 한 대 더 맞을까 봐 참았다. 쉬는 시간이 되자 친구들은 무슨 일 때문에 맞았느냐 물었고, 나는 괜한 너스레를 떨었다. "아, 급식비 삥땅치고 피시방 갔다가 걸려버렸네… 헤헤." 섬세하지 못한 어른에 의해 가난을 전시 당한 나는 부모의 돈을 아무렇게나 쓰는 양아치가 되는 걸 선택했다.

방과 후, 엉덩이가 잔뜩 부은 가난뱅이 네 명은 '박개불(개불을 너무 좋아함)'의 반지하방에 모였다. 우리 중 가장 늙어 보이는 애늙은이가 소주와 오징어땅콩을 사 왔다. 술은 금세 떨어졌고, 이번엔 천장을 뚫을 듯 계속 키가 자라는 '황거인(키가 2미터임)'이 쿨피스와 소주를 사 왔다. 몇 병의 소주를 비웠음에도 아픔은 쉽게 가시지 않았다. "분명 세화가 들었을 거라고." "세화가 누군데?" "3반에 예쁜 애 있어." 황거인은 고백도 못 해봤는데 이미 차인 거나 다름없다며 울먹거렸다. 박개불은 허벅지에 멍이 들어 짧은 반바지를 입을 수 없게 됐다며 화를 냈다. 그의 짧은 반바지는 정말 너무나 꼴불견이어서 그런 이유라면 종종 매를 맞는 것도 나쁘지 않다고 생각했다. 애늙은이는 아무 생각이 없었다. 그냥 소주가 먹고 싶었다고 했다. 그러면서 왜 자기는 술을 살 때 한 번도 신분증 검사를 받지 않는지 궁금하다고 했다. "혹시 너네들도 그러냐?" 그의 기습적인 질문에는 아무도 대답하지 못했다.

생각해 보면 우리는 일종의 본보기 같았다. 강남에선 그 누구도 가난을 티 내면 안 된다는 선전포고 말이다. 사춘기의 김건태는 부끄러웠다. 마음에 드는 여학생에게 신비롭게 보이고 싶어서 똥이 마려워도 학교 화장실은 절대

이용하지 않았는데, 그동안 쌓아온 체면이 한순간에 무너진 느낌이었다. 조금은 죽고도 싶었다.

그와 별개로 반 전체에서 우리 넷만 급식비를 내지 못했다는 사실이 놀라웠다. "대체 우리만 가난한 이유가 뭘까? 강남에 살면 다 부자 아니었냐?" 우리는 서로를 거울 삼아 밤새 울분을 토해냈다. 황새 무리에 섞인 참새 패거리처럼 있는 힘껏 짹짹대다가 좌절하기를 반복했다. "부모가 가난한 게 문제지." 한 녀석이 그렇게 말했고 나머지가 동시에 그의 머리를 때렸다. 아무리 화가 나도 부모는 건들지 말자는 게 우리의 암묵적인 룰이었다. 우리는 술은 마셔도 본드는 불지 않는 모범적인 학생이었다. 시가는 피워도 담배는 피우지 않았고, 자전거는 훔쳐도 오토바이는 훔치지 않는다는 주의였다. 길고 지난한 성토 끝에 참새들은 한 가지 결론에 도달했다. "가난은 상대적이다. 강남만 벗어나면 우리의 위치가 조금 나아 보일 거다. 저기 한남대교만 넘어가도 처지가 대폭 나아질 거라니까?" 그리고 긴 침묵…. 과연 그럴까? 머릿속에 수많은 물음표가 떠올랐다. '정말 여기만 벗어나면 삶이 조금은 나아 보일까?' 하지만 그런 질문에 대답해 줄 어른이 우리에겐 없어서, 술잔 가득 쌓여가는 물음표를 삼키기에 급급할 뿐이었다.

시간이 흘러 고등학교를 졸업할 나이가 됐고, 약속처럼 하나둘 우리는 강남땅을 벗어났다. 박개불은 졸업과 동시에 군대로 도망쳤고, 황거인은 퇴직 후 모텔을 차린 부모를 따라 지방으로 내려갔다. 애늙은이는 집 나간 아빠 대신 돈을 벌기 위해 먼바다로 떠났다. 나 역시 서울살이에 지친 아버지를 따라 귀양 가듯 수원으로 거처를 옮겼다. 아버지보다 더 가난했던 나에겐 선택의 여지가 없었다. 물론 수원역의 곱창어와 떡볶이는 맛있었지만 내 마음은 늘 강남에 있었다. 밤마다 주문을 외듯 지하철 2호선을 곱씹었다. 강남, 역삼, 선릉, 삼성… 음… 강남, 역삼, 선릉, 삼성….

그러다 서울에 직장을 구했다. 수원에서 상암까지, 비가 오나 눈이 오나 새벽마다 통근 기차를 타고 출근했다. 비에 젖은 여물처럼 생기 없이 살기를 1년여, 아버지는 나에게 독립을 제안했다. 유산으로 자취방의 보증금 일부를 대줄 테니 나머지는 은행의 힘을 빌리라고 했다. 다 큰 아들을 얼른 쫓아버리고 새로운 인생을 살고 싶은 게 분명했다. 이유야 어쨌든 수원을 떠나 다시 서울로 상경하던 날 나는 아버지와 진하게 포옹했다. "아버지, 잘 쉬다 갑니다."

강남으로 화려한 복귀를 꿈꿨으나 나는 지금 10년째

홍대에 살고 있다. 늘 스스로를 강남에 어울리는 사람이라 여겼기 때문에 처음엔 홍대 특유의 분위기에 적응하기 힘들었다. 강남과 홍대는 먹는 것, 입는 것, 생각하는 것, 하다못해 걸음걸이마저 다른 듯했다. 강남 사람은 삼시 세끼 파스타만 먹는 것 같고, 홍대 사람은 일본식 덮밥만 먹는 것 같달까.

15년 만에 고등학교 동창회를 나갔을 때 나는 동향 친구들에게 홍대 특유의 분위기에 대해 한참을 떠들어댔다. "홍대 사람들은 좀 이상해. 완전 촌스러운 90년대 느낌의 통바지만 입고, 몸 구석구석 타투를 새기지 않으면 안달이 나는 사람들 같다니깐. 인기가요 같은 건 죽어도 안 들으려 해. 자기만 아는 인디밴드의 음악을 듣고, 직접 기른 무화과를 먹는다니깐?" 내 이야기를 가만히 듣고 있던 동창 하나가 말했다. "야, 자랑 좀 그만해라. 어디 부러워서 살겠냐?"

동창회는 늦은 시간까지 이어졌다. 그러나 내가 가진 추억은 아주 조금뿐이어서 나는 곧 입을 다물게 됐다. 동창들은 지금껏 한 번도 강남을 벗어나지 않은 사람들만 할 수 있는 이야기를 나눴는데, 그건 내가 졸업 후 겪어온 세월과는 완전히 결이 다른 이야기였다. 적당히 맞장구를 쳤지만 그게 전부였다. 문득 궁금해졌다. 그날 급식

비가 없어 함께 엉덩이를 맞던 친구들은 잘 살고 있을까? 강남을 벗어나 조금은 덜 가난한 마음으로 살고 있을까?

자정이 넘은 시각, 택시를 타고 집으로 돌아가는 길에 서울에 혼자 사는 박개불에게 전화를 걸었다. 받지 않았다. 황거인에게도 전화했지만 그 역시 받지 않았다. 강남을 출발한 택시가 올림픽대로를 타고 홍대로 향하는 동안 이상하게 울적한 기분이 들었다. 하지만 그 울적함의 정체를 정확히 알 수 없어서 함부로 울음을 터뜨릴 수도 없었다. 나는 통화음이 울리는 핸드폰을 손에 쥔 채 창밖을 바라봤다. 차창 너머로 양화대교의 불빛들이 정신없이 스쳐 갔다. 무엇이 가까워지고 무엇이 멀어지는지, 지나 봐야 겨우 알만한 것들이 나를 통과하고 있었다.

한때는 뽀대 작살이었던 사람

　세상에 처음 눈을 떴을 때 나는 발가벗고 있었다. 당연한 이야기라고? 그걸 당연하게 여길 정신이 내겐 없었다. 잔뜩 옷을 껴입은 어른들이 신생아실 유리 너머에서 나를 구경거리로 삼는 게 영 불쾌했다. 그래서 더 크고 서럽게 울었다. 생각해 보면 할머니도, 아버지도, 똥강아지 '쪼꼬'도, 마구간의 예수님도 처음엔 자기만의 옷이 없었다. 발가벗고 태어났을 땐 모두가 평등했다. 우는 것 외엔 아무것도 표현할 수 없으니까. 자신을 포장하지 않아도 괜찮았으니까. 하지만 문명사회에선 모두가 옷을 입는다. 나같이 저질스러운 몸을 가진 사람에겐 특히 더 두꺼운 갑옷이 필요하다. 자신을 더 멋지게 감추기 위해 나는 옷을 산다.

　어릴 때부터 옷에 관심이 많았다. 고등학교 시절, 맥도날드에서 시급 2,100원을 받아가며 모은 돈으로 동대문에 갔다. 당시에는 인터넷 쇼핑이나 스마트폰이 개발되지 않았기 때문에 직접 옷 가게로 발품을 팔아야 했다. 밀리오레, 두산타워, 프레야타운까지, 동대문은 온갖 짝퉁과 보세

옷이 난무하던 쇼핑의 메카였다. 딱 달라붙는 아디다스 저지와 카키색 비니, 허리춤에 힙색까지, 그곳은 '핫 패션 피플'에게 필요한 모든 것이 모인 최첨단 쇼핑센터였다. 동대문에서 산 옷을 입고 학교에 간 날이면 친구들은 말했다. "너, 뽀대 작살이다!(너 정말 멋들어지는 감각을 가졌구나!)"

그러나 요즘의 패션은 감히 따라갈 수가 없다. 딱 달라붙는 바지가 유행이래서 샀는데 한 해가 지나면 촌스러워 입을 수 없고, 큰맘 먹고 산 패딩도 계절이 지나자 한물간 디자인이 돼버렸다. 올해는 와이드핏과 벌룬핏 바지가 유행이라는데, 그런 알리바바 마술사 같은 옷은 차마 소화할 수가 없다. 홍대에 사는 탓에 출퇴근길마다 '요즘 아이들'을 본다. 요즘 아이들의 패션은 전부 뉴진스 같다. 나도 젊어 보이고 싶어서 남자 아이돌의 패션을 눈여겨보는데, 그들은 나와 체형 자체가 다르다. 저 아이들은 대체 뭘 먹고 자랐을까? 나도 어렸을 때부터 아보카도나 올리브유 같은 걸 먹었으면 다리가 좀 더 길어졌을까? 문득 성장기 어린이에게 청국장과 물김치만 먹인 할머니가 원망스러워졌다. 그렇지만 가족의 보살핌을 그런 식으로 말하는 건 무례한 일이다. 80년대 밀리오레 키즈가 주제넘게 홍대에 사는 탓에 이런 고민도 하는 것이다.

패션은 자신이 사는 환경에 의해 결정되는 것 같다.

도시에 살 때 아버지의 옷장에는 날이 바짝 선 정장 바지와 깨끗하게 세탁한 흰색 와이셔츠가 가득했다. 서랍에는 와이셔츠에 어울리는 넥타이와 목이 긴 검은 양말이 말끔히 정리돼 있고, 깔끔한 키높이 구두는 늘 광이 났다. 그야말로 아버지는 모던한 도시 회사원의 표본이었다. 그러던 아버지가 귀농을 결심하고 가장 먼저 한 일은 옷장 정리였다. 선물로 받은 고급 와이셔츠를 비롯해 금빛 넥타이핀, 다림질 선이 바짝 선 정장 바지를 처리했다. 경조사용 정장 한 벌만 남겨두고 필요 없는 옷을 버리자, 아버지의 옷장에는 채 세 벌의 옷도 남지 않았다. 텅 빈 옷장을 보며 아버지는 어쩌면 자신의 커리어가 전부 사라졌다고 생각했을지도 모른다. 자신을 증명할 방법이 옷뿐이라는 사실을 통감했을 때 그는 얼마나 서러웠을까?

한번은 대학교 동아리 정기 모임에 소싯적 강남 나이트클럽의 댄싱퀸이었던 선배 누나가 나타났다. 아이 셋의 엄마가 된 누나는 동남아에서 산 코끼리 바지와 목이 늘어난 티셔츠를 입고 있었다. 누나는 '패션'이라는 단어를 아예 잊은 사람처럼 보였다. "언니, 요즘 많이 힘들지?" 미혼인 후배의 말에 누나는 티셔츠에 묻은 이유식 자국을 닦아내며 대답했다. "니들도 애 키워봐, 내 거 살 돈으로 애들 옷 하나 더 사게 돼." 그때 누나 옆에서 유부남 동창이 격하게 고개를 끄덕였다. 그는 결혼 직후 20킬로그램이 불었다고 했다. 누군가를 챙겨야 한다는 건 그만큼 자신에게 소원해지는 일이겠지. 나는 유부남 친구의 웅장한 뱃살을 꼬집으며 가능한 한 오래 나 하나만 돌보기로 다짐했다.

스스로를 잘 돌보기 위해 필요한 게 뭘까? 아무래도 돈일 거다. 어렸을 때는 돈이 궁했다. 나이키 신발 하나를 사기 위해 몇 개월 동안 알바를 해야 했다. 시간이 지나 이제는 해외 직구도 아무렇지 않게 주문할 수 있을 만큼 돈을 번다. 하지만 새 옷보다 급하게 돈을 쓸 일이 계속해서 생긴다. 나이가 들었기 때문이다. 얼마 전엔 잇몸에 염증이 생겨 병원에 갔더니 의사가 임플란트를 권했다. 멀쩡한 이를 뽑고 잇몸의 병균을 긁어내고 가짜 이를 심는 데 몇백만 원이 깨졌다. 한 달 뒤 건강검진에서는 대장의 용종을 떼어내는 데 또 몇십만 원이 깨졌다. 최근에는 부러진 쇄골에 박아 넣은 철심을 제거하기 위해 수술을 했다. 이번에도 몇백만 원이 깨졌다. 해가 지날수록 혈압은 높아지고 노안에, 탈모에, 관절염까지, 신체 구석구석 고쳐야 할 부위가 늘어갔다. 젊을 때는 돈이 없고, 나이가 들어선 건강이 없다. 그러므로 나는 좋은 옷을 사는 것보다 나쁘지 않은 몸을 만드는 게 더 중요하다는 생각에 이르렀다.

기왕이면 근육이 좀 있는 게 낫겠다는 생각에 크로스핏을 등록했다. 넷플릭스 <피지컬: 100>에 등장하는 우람한 덩치들을 보면서 '나도 조금만 하면 저런 몸이 돼버리는 건가?' 하고 긴장했다. 큰 착각이었다. 일주일에 세 번씩 입에서 피 맛이 날 정도로 운동했는데, 한 달 후 인바디에 찍힌 내 근육량은 놀라울 정도로 작고 귀여웠다. 충격적인 자아 성찰 이후 선택의 기로에 놓였다. 개미 코딱지만 한 근육 좀 얻겠다고 매일 욕 나오는 자기관리를 할 것인가, 아니면 수십 년을 그래왔던 것처럼 소파에 누워 감자튀김이나 씹다가 잠들 것인가.

사실 답은 이미 정해져 있었다. 혼자 사는 중년 남성이 누추해지지 않으려면 생활 습관 전부를 개선해야 했다. '패션은 단순히 옷을 잘 입는 기술이 아니라 자기를 만들고 배려하는 삶의 기술'이라는 패션 큐레이터의 말처럼, 나 자신에게 무례해지지 않기 위해 자신을 관리해야 했다. 오래된 수건을 바꾸고, 베갯잇을 자주 빨래하고, 치실을 사용하고, 어울리는 향수를 뿌리고, 외출할 때 선크림을 바르고, 옷에선 항상 섬유유연제 향이 나도록 하고, 손발톱이 길게 자라지 않게 자르고, 눈썹의 장수 털을 자르고, 겨드랑이를 제모하고, 음식을 씹을 때 입을 벌리지 않도록 하는 일련의 습관들. 몸에 좋지 않은 음식을 멀리

하고, 부정적인 언어를 말하지 않는 노력. 개선해야 할 일들을 한꺼번에 적으려니 갑자기 살기 싫어졌다. 왜 신은 나를 차은우로 만들지 않아서 절망감을 느끼게 하는가.

SNS에서 우연히 발견한 게시물에는 '마음이 변하면 태도가 변하고, 태도가 변하면 습관이 변하고, 습관이 변하면 인격이 변하고, 인격이 변하면 인생이 변한다.'라는 명언이 새겨져 있었다. '이봐, 인생이 그렇게 호락호락하게 변할 거 같아?' 하고 생각하다가도 일단 속는 척 마음 정도는 먹어보기로 했다. 일단 쿠팡에 접속해 눈썹 칼을 주문하는 것부터 시작. 선크림을 주문하고, 치실을 주문하고, 송월타월을 주문하고, 그렇게 인생 준비물을 늘려갈수록 허기가 졌다. 그러곤 홀린 듯 빅맥과 감자튀김을 주문했다. "이게 진짜 마지막 감튀다!" 아무도 없는 방에서 혼자 기합을 넣었다. 습관은 습관이고 감자튀김은 맛있으니까. 마침 라지 사이즈가 품절이어서 미디엄 사이즈를 주문했다. 안 그래도 튀김 좀 덜 먹으려고 했는데 이거 완전 럭키비키잖아! 즐겁게 먹으면 0칼로리니까, 나는 오늘도 원영적 사고로 위기를 모면한다.

세 얼간이

고등학생 때 나에게는 친한 친구 세 명이 있었다. 악당처럼 자전거를 훔쳐 타고 시가도 나눠 피운 개들이다. 삼십 대 후반이 되어 만나는 친구는 두 명뿐이다. 박개불과 황거인. 우리는 일 년에 한두 번 정도 필 꽂히면 만난다. 만나서 술만 먹는다. 20년째 똑같은 패턴이지만 질리지도 않는다. 한 집에서 자고 아침에 일어나 말없이 국밥만 먹다가 헤어진다. "언제 또 볼까?" 그런 말은 하지도 않는다. "누군가 먼저 죽으면 관이나 잘 들어주자." 그냥 그게 전부다.

언젠가 제주 출장을 마치고 박개불과 황거인에게 전화를 걸었다. 둘은 대전에서 술을 마시고 있다고 했다. "나 심심해. 놀아줘." 내 한마디에 친구들은 마시던 술을 멈추고 목포로 갔다. 목포 항구에서 배를 타고 열 시간 만에 제주에 왔다. 양말도, 팬티도, 칫솔도 없이 그냥 왔다. 나는 기뻤지만 한편으로는 '이런 얼간이들이 다 있나.' 하고 생각했다. 아무런 계획도 없던 우리는 가만히 앉아 바다를 바라봤다. "뭐 할까?" "뭘 해, 그냥 있어." "그래도 뭔가 해야 하지 않나?" 우리 중 가장 계획적인 박개불이 핸드폰을 만지작거렸다. "따라와." 우리는 박개불의 계획대로 설탕 범벅인 생귤 주스를 먹었다. 그러고는 유령의 집에 갔다. 아무리 그래도 제주까지 와서 유령의 집이라니. 조금 이상했지만 잠자코 친구를 따라갔다. 그곳은 아무도 찾지 않는 반쯤 망해버린 테마파크였다. 어설프고 징그러운 좀비 모형이 천장에 거꾸로 매달려 있었다. 우리는 덜덜 떨면서 조금씩 앞으로 나아갔다. 물컹한 바닥을 밟는 순간, 나는 너무 무서워서 황거인의 등에 업혔고, 내 위로 박개불이 업혔다. 우리는 거의 3미터쯤 되는 높이에서 휘청이다가 쏟아지듯 바닥을 굴렀다. 그러면서 동시에 비명을 질렀다. 그러자 스피커에서 관리자의 목소리가 흘러나왔다. "장난치지 마세요. 다칩니다."

목이 다 쉰 채로 우리는 낮술을 마시기로 했다. 누군가 한 명은 운전을 해야 했기 때문에 가위바위보를 했다. 이번 여행의 핵심은 가위바위보였다. 우리는 생귤 주스를 먹을 때도, 귀신의 집에 들어갈 때도, 좁은 골목을 걸을 때도 늘 가위바위보로 순서를 정했다. 특별한 이유가 있는 건 아니고 그냥 좀 바보같이 굴고 싶었던 것 같다. 가위바위보는 내가 졌다. 나는 친구들이 해삼과 소주를 마시며 취해가는 모습을 가만히 지켜볼 수밖에 없었다. 술 없는 안주는 정말이지 최악이었다. 친구들은 자동차 뒷좌석에서 빨개진 얼굴로 코를 골며 잠들었다. 당장이라도 혼자 서울로 돌아가고 싶었다.

저녁이 되어 우리는 박개불이 예약한 게스트 하우스에 갔다. 바비큐 파티가 준비되어 있다고 했다. 말은 안 했지만 우리는 특별한 인연을 기대하고 있었다. 하지만 파티에는 남자뿐이었다. 시커먼 남자애들 열 명이 동그란 테이블에 모여 앉아 주최 측이 구워준 고기를 먹었다. 게스트 하우스 스태프는 이제 막 고등학교를 졸업한 것처럼 어려 보였고, 그 아이는 결정적으로 고기를 너무 못 구웠다. 군데군데 그을리고 덜 익은 고기를 먹으며 우리는 또 한라산 소주를 마셨다. 돌아가며 자기소개를 했는데, 막 전역했거나, 입대를 앞두고 있거나, 대학에 다니는 이십대 초반의 친구들뿐이었다. 가만히 듣고 있던 황거인이 속삭였다. "야, 우리가 낄 자리가 아닌 거 같은데?" 그러던 중 제일 마지막까지 가만히 있던 한 명이 "내가 아무래도 나이가 제일 많은 것 같은데….."라며 뜸을 들이다가 쑥스러운 듯 "서른 살."이라고 말했다. 그러면서 사비로 치킨을 주문했다. "이건 형이 쏜다!" 곧 마흔 살이 되는 황거인과 박개불과 나는 서로를 쳐다봤다. 그러고는 마침내 우리 차례가 되었을 때 내가 말했다. "저는 스물아홉입니다.

형, 치킨 잘 먹을게요!"

정신없이 술만 먹다가 잠들고, 다음 날 아침이 되어 우리는 말 없이 해장국을 먹었다. 그러고는 서울로 대전으로, 각자 헤어졌다. 목포에 차를 대고 온 박개불만 다시 열 시간 동안 배를 타고 육지로 간 다음, 또 여섯 시간을 운전해서 서울로 돌아갔다. '다들 제정신인가?' 아무리 생각해도 우리 중에 멀쩡한 어른은 없어 보였다. 그러면서 나는 문득 우리 중 누구도 먼저 죽지 않았으면 좋겠다고 생각했다. 삶에서 가장 멍청한 순간을 함께 기록할 친구가 있다는 게 얼마나 감사한 일인지 나는 이제 안다. 내겐 그런 얼간이 친구들이 있다.

잠시 군대 얘기를 해도 되는지
여쭤봐도 되겠습니까?

 '왕눈이(눈이 세종대왕을 닮음)'가 결혼 소식을 알려왔다. 왕눈이는 전역 후에도 내가 만나는 유일한 군대 친구다. 그는 호탕하고 사람들을 잘 챙기는 성격 덕에 늘 인기가 많았다. "건태야 내 먼저 간대이." "아니, 어쩌다가?" "그렇게 대따 마." 왕눈이는 종종 자신의 감정을 숨기기 위해 고향 억양을 사용하곤 했는데, 무슨 이유에선지 평소보다 강한 부산 사투리를 쓰고 있었다.

 나는 결혼식에만 가면 여지없이 소화불량에 시달리는 타입이다. 그래서 이번에도 성의 표시만 하려 했는데 왕눈이의 마지막 말이 발목을 잡았다. "'장군이(성이 장씨라 장군이다)'도 온다더라." 장군이는 나의 '알동기'다. 알동기는 한날한시에 입대해 전역하는 날까지 함께 생활하는 동기를 말한다. 나는 대학 시절 불타는 연애를 하느라 남보다 늦게 입대했고, 장군이 역시 나와 같은 사연으로 입대가 늦었다. 우리는 늦은 군 생활의 고충을 공유하며 2년을 함께 보냈는데, 전역 날 소주 한잔을 끝으로 만나지 못했다. 아내와 함께 결혼식에 참석한 장군이는 달라진 게 하나도 없었다. 아이가 둘이나 있다는 그는 예전 그대로 조금 초췌하고 어눌했다. 결혼식이 끝나고 자리를 옮겨 장군이 부부와 함께 저녁을 먹었다. 술이 조금 들어가자 장군이의 얼굴이 붉어졌다. "너 그거 봤냐? <D.P.>." 헌병이 탈영병을 잡는 넷플릭스 드라마 얘기였다. "나 그거 보면서 울었다." 유행이 한참 지난 드라마를 이제야 본 그는 감정이 이입돼 눈물이 났다고 했다. 드라마 속에 펼쳐진 부조리한 모습 하나하나가 그날의 우리를 떠올리게 했다고.

군대에 관한 장군이의 기억은 이런 거였다. "나 그때 말투 못 고친다고 엄청 갈굼 당했잖아. 사회에서 쓰던 버릇 못 버린다고." 장군이는 남보다 조금 느린 친구였다. 특히 식사 시간에 밥을 늦게 먹어서 집합을 당하는 것이 일상이었다. 특히 장군이가 가장 많이 지적받은 부분은 말투였다. 소위 '다나까'라고 불리는 어미를 서툴게 사용했다. 나 역시 모든 말에 '다나까'를 사용하는 건 조금 억지 같았지만 시키니까 해야 했다. 이를테면 선임병이 "김건태, 내 전투화 좀 닦아 놔." 하고 말하면 "제가요?"라고 대답하는 대신 "이병 김 건 태, 전투화 닦아드려도 되겠습니까?"라고 응답해야 했다. 입술을 떼는 것조차 귀찮은 말년 병장이 "야 신병아, #$%$#^?"라고 웅얼거리면 "뭐라고요?"라고 말하는 대신 "다시 한번 말씀해 주시면 안 되겠습니까?"라고 대답해야 했다. 당시에는 말을 더 길게 늘일수록 공손하다고 여기는 분위기가 있어서 "다시 한번 말씀해 주시면 안 되는지 여쭤봐도 되겠습니까?"라고 말하는 녀석도 있었다. 그 이상한 화법은 점차 이런 식으로 무한 증식했다. "다시 한번 말씀해 주시면 안 되는지 여쭤봐도 되는지 여쭤봐도 되겠습니까?" (이게 뭔 개소리야!) 심지어 후임 중 한 명은 그 말투가 입에 밴 나머지 첫 휴가 때 편의점 직원에게 이렇게 물었다고 한다. "따뜻한 캔 커피가 어디 있는지 여쭤봐도 되겠습니까?"

"화장실에 가도 되는지 여쭤봐도 되겠습니까?" "오이비누로 팬티와 메리야스를 빨아도 되는지 여쭤봐도 되겠습니까?" "박 병장님의 전투화를 닦아드려도 되는지 여쭤봐도 되겠습니까?" 사용하는 모든 말에 "여쭤봐도 되겠습니까?"를 붙이자 기저귀를 차고 생활하는 기분이 들었다. 인간의 기본권을 '여쭤보도록' 만드는 이상한 규칙 앞에서 우리는 한없는 무기력함을 느꼈다.

지금은 달라졌겠지만, 그 당시 군대에서는 이상하고 쓸데없는 규칙을 자꾸만 강요했다. 이등병은 활동복 상의를 바지 바깥으로 빼서 입으면 안 되고, 담배를 오른손으로 피우면 안 되고, 전투모 창을 구부릴 수 없고, 샴푸를 사용할 수 없고, 텔레비전 모니터를 정면으로 봐서는 안 되고, 곁눈질은 더 안 되고, 운동 기구를 만질 수 없으며, 고참의 몸에 손을 대거나 그의 말에 "아니오."라는 대답을 할 수 없었다. 호흡하고 말하는 규칙까지 모든 것을 통제했다. 심지어 잠을 자는 것과 깨어나는 일에도 규칙이 있었다. 이등병은 자기 침상 위에서 모로 눕지 못하고 오직 차렷 자세로만 잠을 자야 하며, 코를 골거나 이를 갈면 집합을 당했다. 그중 가장 괴로운 건 새벽 근무였다. 새벽 시간, 멀리서 불침번의 발소리가 들리면 일단 가만히 자는 척을 해야 했다. 미리 일어나서 근무 준비를 하면 왜 군인이 잠을 안 자느냐고 갈굼을 당했기 때문이다. 그러다 나지막이 "김건태, 근무다."라는 소리가 들리면 1초 만에 몸을 일으키며 조용하지만 절도 있는 목소리로 "이병 김 건태!"라고 대답해야 한다. 제때 깨어나지 못해 근무 시간에 늦으면 정강이를 맞았다. 내 왼쪽 다리에는 그날의 상처가 아직 여전히 선명하다. 드라마 <D.P.>에 나오는 것처럼 튀어나온 못에 머리를 밀거나 담배빵을 하거나 가래침을 핥게 하는 것만이 폭력이 아니라, 인간의 기본적인 욕구를 통제하는 모든 규칙이 다 폭력이었다. 그런 비상식적인 일을 당하며 장군이와 나는 다짐한 것이 있었다. 우리가 고참이 되면 그러지 말자고. 누군가에게 상처 주는 일은 절대 하지 말자고.

"그래도 우리 진짜 군 생활 잘 하지 않았냐?" 장군이 잔에 맥주를 따르며 내가 말했다. 악습을 전파하지 않고 좋은 선임으로 전역했다며 서로를 칭찬했다. "그런데 건태 너는 전역하고 따로 본 애들 있냐?" 나는 오래전에 군대 후임들을 만나 술을 사준 적이 있다고 대답했다. "그때 우리랑 같이 생활했던 애들도 많이 왔더라고." "거기에 혹시 '순두부(순두붓집 아들)'도 있었냐? 너 무서워하는 애 있잖아." "순두부가 왜?" 장군이는 내 기억에서 사라진 어느 한 장면을 이야기하기 시작했다.

전역이 얼마 남지 않은 병장 시절, 악명 높은 유격훈련을 받았다. 일주일간 장맛비를 맞으며 진흙 속을 구르다 마지막 훈련으로 행군을 시작했다. 30킬로그램가량의 군장(배낭)과 10킬로그램짜리 기관총을 메고 훈련장에서 부대까지 걸어야 했다. 행군 예상 시간은 열 시간, 그마저도 낙오자가 없어야 가능한 일이었다. 더할 나위 없이 괴로웠다. 배낭에 눌린 어깨가 짓무르는 건 차라리 나았다. 발바닥에 주먹만 한 물집이 터지면서 생살이 물에 젖은 양말에 붙었다 떨어지는 과정이 반복됐다. '이것은 피살되는 과정인가?' 평소 무릎 연골이 약해서 조금만 걸어도 금세 물이 차곤 했는데, 아니나 다를까 행군을 출발한 지 얼마 되지 않아 무릎이 복어처럼 부어올랐다. 하지만 한 분대를 이끄는 분대장으로서 중도에 포기한다는 건 상상도 할 수 없었다. 새벽 4시, 장장 열두 시간 만에 좀비 떼 500여 명이 부대에 도착했다. 대대장의 해산 명령을 받고 모두가 내무실로 돌아와 군장을 풀었다. 그때였다. 옆 분대에서 누군가 흐느끼는 소리가 들렸다. 이등병 순두부였다. 그는 다리가 아프다며 울고 있었다. 그 옆에는 선임들이 쩔쩔매는 얼굴로 그를 달래고 있었다. 이해할 수 없는 광경이었다. 저 자식은 왜 울고 있어? 우리가 유치원에 온 건가? 왜 다들 그를 달래고 있지? 아버진가? 사고의 흐름이 한순간에 끊겨버렸다. 나는 방탄 헬멧을 바닥에 던지며 소리쳤다. "야, 여기가 니네 집 안방이야? 힘들어도 다 참고 있는 거 안 보여? 내 무릎이 너보다 더 부었어 인마!" 그날 이후로 내가 전역하는 날까지 순두부는 나를 피해 다녔다고 했다. 멀리서 내가 걸어오는 게 보이면 일부러 방향을 꺾어 화장실로 숨었다고 했다. 그리고 그 사실을 나만 모르고 있었다고, 장군이는 덧붙였다.

드라마 <D.P.>에는 '간디'라는 별명을 가진 후임 조성봉과 악행을 일삼는 선임 황장수가 등장한다. 작품 속 인물들의 연기를 보면서 끊었던 담배 생각이 절로 났다. 주먹을 뾰족하게 만들어 명치를 겁나 세게 때리고 싶었다. 인간은 왜 자기보다 약한 자를 괴롭히지 못해 안달인 건가 슬픈 마음마저 들었다. 그런데 막상 지워진 기억 속의 나는 누군가에게 마주하고 싶지 않은 가해자였다. 가던 길을 틀어 화장실로 몸을 피하게 만드는 악당이었다. 그동안 살면서 군대 얘기가 나올 때마다 선량한 피해자인 양 신나게 떠들었던 모습이 떠올라 한없이 부끄러워졌다.

    장군이 부부와 작별하고 집으로 돌아가는 길에 연락처를 열었다. 연락처 목록에 '군대 후임 순두부'라는 이름이 저장돼 있었다. 전역하던 날, 밖에 나오면 연락하자고 주고받은 번호였다. 10년이 지나도록 한 번도 전화를 걸어본 일이 없으니 그 번호가 유효한지는 알 수 없었다. 어쩌면 순두부가 그날 내게 틀린 번호를 알려주지는 않았을까? 가만히 핸드폰을 만지작거렸다. 용기가 나질 않았다. 핸드폰 액정 위에 드라마 속 황장수의 얼굴이 떠올라 나는 입을 다물 수밖에 없었다.

남매는 누가 더 바보처럼 구는지 경쟁하며 논다

 뉴진스 멤버 중에 하니를 좋아하지만 더 정이 가는 건 민지다. 내 동생과 이름이 같기 때문이다. 뉴진스 메들리(?)를 듣다가 문득 민지 파트가 나오면 동생 민지가 떠오른다. 그러다가 둘은 전혀 다른 존재라는 걸 깨닫곤 생각을 멈춘다.
 내 동생 '올드 민지'와 나는 6살 차이다. 그렇게 말하면 사람들은 "어머, 동생하고 사이좋겠네? 나이 차이가 많이 나면 오빠가 예뻐하잖아." 하고 반응한다. 하지만 모든 오빠가 동생을 예뻐하는 건 아니다. 어른들 말에 따르면 동생이 갓 태어났을 때 나는 병원 유리 너머의 신생아를 보며 울음을 터뜨렸다고 한다. 얼굴이 너무 못생겼으니 옆자리 아기로 바꿔 달라고. 끝내 동생은 바뀌지 않았고, 시위의 의미로 나는 한동안 당근을 먹지 않았다.
 어렸을 때 우리는 꽤 재밌게 놀았다. 멍청한 짓을 서슴없이 했다. 둘 중 하나가 우유를 먹고 있으면 달려가 간지럼을 태웠다. 그러다 코로 우유가 나오면 엉덩이춤을 추며 환호했다. 엄마는 장을 볼 때마다 흰 우유를 고르는 성장기 자식들을 대견하게 여겼다. 단지 '코로 우유 뿜기 놀이'를 하고 싶었을 뿐이었는데 말이다. 하지만 모든 일에는 저마다 유통기한이 있는 법. 어느 날 우유를 먹는 동생 뒤로 살금살금 다가가 옆구리를 간질이려는 찰나, 고개를 돌린 그녀가 차가운 목소리로 말했다. "뭐해? 재밌어?" 나는 어정쩡하게 손가락을 구부린 자세로 자리에 굳었고, 우리의 유치한 놀이도 영영 끝이 났음을 직감했다. 동생에게 사춘기가 온 거였다.

사춘기 중학생의 히스테리는 강력했다. 나는 늘 화가 나 있는 동생의 눈에 띄지 않게 항상 잠자는 척을 했다. 동생이 질풍노도의 화신으로 흑화할 무렵 다행히 나는 군대에 가게 됐다. 몸이 멀어지면 마음도 멀어진다던데 어쩐 일인지 우리는 서로를 그리워하기 시작했다. 신기했다. 동생은 위문편지 말미에 '오빠 보고 싶어.'라고 적었고(얘가 미쳤나?), 나는 부대 화장실에서 눈물을 훔치며 생각했다. '민지가 글씨는 못 쓰지만 참 괜찮은 아이였지.' 인간의 기억은 이렇게 허술하다.

100일 휴가 첫날, 동생의 학교에 찾아가 하굣길을 함께 걸었다. 당시 이등병 월급은 33,300원에 불과했지만, 오빠답게 떡볶이를 샀다. 동생은 어묵을 두 개씩 집어먹는 이상한 버릇이 있었다. 동생의 젓가락을 막으며 내가 말했다. "너에게 남자친구가 생긴 걸 알고 있어. 싸이월드에 사진 엄청 올렸더라. 아빠한테는 비밀로 할게. 오빠가 해줄 수 있는 건 이것뿐이야." 그러면서 편의점에서 산 콘돔을 건넸다. "피임은 꼭 해야 한다." 동생은 질색하며 소리쳤다. "아, 뭐래! 중학생한테 할 소리냐?" 미국에선 댄스파티에 가는 딸에게 부모가 직접 콘돔을 챙겨준다던데, 아뿔싸 여긴 한국이었지.

한집에 살며 우리는 서로를 귀찮게 하는 방식으로 교류했다. 이런 식이었다. 먼저 침대에 누워 이불을 덮은 다음 다급한 목소리로 소리쳤다. "민지야' 민지야!! 민지야아!!!" 헐레벌떡 동생이 달려왔다. "불 좀 꺼줘." 그러면 동생은 거의 발작 상태로 분노하다가 불을 끄고 나갔다. 또 다른 날에는 동생이 자기 방에서 소리쳤다. "오빠 이거 뭐야? 이게 뭐지? 오빠 이것 좀 봐줘!" 나는 찜찜하지만 궁금한 마음으로 동생의 방으로 갔다. "오빠, 물 한 잔만 갖다줘. 보리차 플리쥬?" 그의 말을 무시하고 발길을 돌리자 등 뒤에서 동생이 외쳤다. "10, 9, 8…." 임무 완수의 강박이 있는 나는 어쩔 수 없이 카운트다운이 끝나기 전에 물을 떠서 동생에게 건네고 말았다.

또 어느 주말엔 클럽에 다녀와 늦잠을 자는 동생의 방문을 빼꼼 열었다. 방(이었던 공간)은 질서를 찾을 수 없는 혼돈의 카오스 그 자체였다. 문득 동생을 확실히 괴롭힐 방법이 떠올랐다. 나는 세상모르게 자고 있던 동생의 눈을 벌리며 외쳤다. "민지야, 일어나! 눈 화장 지우고 자야지. 안 지우면 트러블 나." "지웠어, 지웠다고! 아이라인 반영구라고! 아, 쫌 나가!" 참다못한 동생이 일어나 내 팔뚝을 물고 난 뒤에야 소동은 멈췄다.

동생이 나를 괴롭히는 방식은 조금 더 진화했다. 그는 내가 어떤 상황에 스트레스를 받는지 잘 알았다. 어느 날 대학 과제로 시를 쓰고 있는 내 방에 들어와 앉았다. "오빠, 오빠는 정확히 무슨 공부를 하는 거야?" "너가 말하면 알아? 책 안 읽잖아. 시 모르잖아." "나도 시 알아!" 그러면서 동생은 우쭐한 표정으로 말했다. "<진달래꽃>!" 나는 입을 다물었다. <진달래꽃>을 이야기한다는 건, 가요를 안다면서 '오빠는 풍각쟁이야'를 말하는 것과 같았다. "<진달래꽃> 작가는 알아?" "마야!" 동생은 마야의 '진달래꽃'을 흥얼거리기 시작했다. 그런 동생을 보며, 나의 이상형은 마야의 노래를 부르지 않는 사람이 됐다.

시간은 흘러 우리는 각자 셋방을 얻어 독립했다. 한 시간도 더 걸리는 거리에 살기에 1년에 한두 번, 서로의 생일에 만나서 술을 마신다. 우리는 같은 환경에서 자란 탓에 입맛도 비슷하고 주량도 비슷했다. 다만 동생은 여전히 단순하고 긍정적이었다. 잘 자고, 잘 웃고, 야망도 없는, '복세편살(복잡한 세상 편하게 살자)'의 대명사였다. 심이 뭉툭한 2H 연필 같았다.

그런 동생의 생일에 참치 집에서 실장님 코스를 먹었다. 동생은 대뱃살 두 점을 한꺼번에 집으며 말했다. "오빠, 나 고민 있어." "고민의 뜻은 알아?" 동생은 참치에 고추냉이를 듬뿍 올리며 말했다. "결혼이 정말 하기 싫어." 의외였다. '결혼은 이혼의 한 과정'이라고 주장하는 나와 달리, 동생은 늘 안정적인 가정을 꾸리고 싶어 했다. 그런 동생이 먼저 결혼이 하기 싫다는 말을 꺼낸 것이었다. 아버지라면 쓸데없는 소리 하지 말라며 잔소리를 했겠지만 나는 오빠니까 잠자코 기다렸다. "경력이 단절되는 게 무서워." 헤어디자이너로 이제 막 자기 궤도에 오른 동생의 고민은 결혼과 임신을 하면 손이 굳고 단골 고객도 떨어져 나갈 거라는 거였다. "엄마 아빠가 이혼했잖아. 그래서 나도 행복한 가정을 꾸릴 자신이 없어." 이렇게 진지한 동생은 난생처음이었다. 너에게도 나와 같은 고민이 있었구나. 그런 생각을 하며 동생의 코에서 우유가 나오는 장면을 상상했다. 하지만 예전과 달리 웃음이 나질 않았다. 마냥 어린애 같았던 동생이 갑자기 자라버린 것 같았다. 그가 어른(시련)의 세계에 발을 들인 것 같아서 조금 쓸쓸해졌다. 우리는 말 없이 술을 들이켰다. 아무렴 생일인데, 생일에는 이렇게 궁상맞게 구는 거 아닌데, 하면서도 동생을 위로해 줄 수 있는 말이 내 안에는 없었다. 궁리 끝에 나는 필살기를 쓰기로 했다. 오물오물 앞니에 김을 붙이고 영구 흉내를 내는 거였다. 허를 찔린 동생이 코로 청하를 뿜었다. "코에 와사비 들어갔어!" 캑캑 대며 우는 동생의 모습에 나는 자리에서 일어나 개다리춤을 췄다. 손님들의 시선이 느껴졌지만, 동생을 위한 바보 춤을 멈출 수가 없었다. 그냥 그런 게 능력 없는 오빠가 해줄 수 있는 최선의 위로였기 때문이다.

참치를 다 먹고 동생을 집에 데려다주며 미리 준비한 봉투를 건넸다. 동생 나이만큼의 현금이었다. "매년 생일에 서로 나이만큼 용돈을 주는 게 어때?" 술에 취한 동생이 손뼉을 치며 기뻐했다. 내 나이가 더 많으므로 나로서는 이득인 장사였다. 우리는 지장을 찍고 손바닥 복사도 했다.

가끔 나는 부모가 사라진 세계를 상상한다. 같이 살지도 않고 자주 연락하지도 않지만, 그들이 살아 있는 것과 아예 없는 것은 마음가짐부터가 다르다. 그럴 때마다 동생이 있어서 다행이라고 생각한다. 아무래도 나보다 오래 살 테니까, 내 입장에서는 죽을 때까지 가족이 있는 셈이다. 가끔 혼술을 하며 동생에게 전화를 건다. 부디 나보다 오래 살아달라고 애원한다. 그러면 동생이 말한다. "오빠 뼛가루는 내가 수습할게." "아니야, 화장하지 말고 들판에 던져서 독수리 밥으로 줘." 그러면 동생은 수화기 너머로 깔깔대고 웃는다. 오늘도 동생을 웃겼군, 뿌듯한 마음으로 전화를 끊는다. 둘이 합쳐 70이 넘는 나이, 우리는 여전히 세상 둘도 없는 바보처럼 논다.

그렇게 아브지가 된다

나는 홍길동이다. 아버지를 아버지라 부르지 못하기 때문이다. 특별한 이유가 있는 건 아니고, 아빠라 부르기엔 너무 친해 보이고 아버지라 부르기엔 느끼한 기분이 들어서다. 어쩔 수 없이 호명해야 할 때는 발음을 뭉개서 '아브지' 정도로 빠르게 말한다.

아버지는 시골 농부의 장남으로 태어나 나이 어린 동생들을 업어 키웠다. 대부분의 K-가장이 그렇듯 보수적이고 책임감 많은 어른으로 자랐다. 국민학교 시절 아버지는 밤톨 머리에 똘망똘망한 눈을 가진 어린이였다. 감수성이 많아 매일 밤 연습장에 그림을 그리고, 통기타를 치며 노래를 불렀다. 브라운관 속 신성일을 보며 연기자를 꿈꾸기도 했는데, 조부모는 아버지가 '딴따라'가 되기보단 흙을 만지며 정직하게 살기를 바랐다. 그야말로 진짜 흙수저였던 아버지는 반발심 때문에 일찍 독립했다. 젊은 시절 서울로 올라와 엄마를 만났고, 스물다섯 나이에 김건태를 낳았다. 타고난 끼를 주체하지 못해서인지, 아니면 너무 젊은 시기에 자신의 꿈을 가정이라는 울타리 안에 가둬둔 게 아쉬워서인지는 알 수 없지만, 아버지는 가정에 충실한 사람이 아니었다. 내 어린 시절 그는 유니콘 같은 존재였다. 함께 쌓은 추억이 거의 없다. 아버지는 사진작가로 일하며 돈을 벌었고, 출장을 이유로 며칠씩 집을 비웠다. 그래서 내가 기억하는 건 아버지의 빈 구두뿐이다.

엄마가 집을 나간 후에야 아버지는 나와 동생을 보살피기 시작했다. 출장이 잦은 사진작가 일 대신 월급을 받는 회사에 들어갔고, 좋아하던 술도 끊었다. 그러면서 주말도 없이 일만 했다. 아버지에게 자식을 돌보는 일이란 도시락을 싸주는 일이나 다름없었다. 하루도 아침을 거르게 하지 않았다. 반찬이라곤 간장에 절인 깻잎과 흐물흐물한 어묵볶음이 전부였기 때문에 나는 차라리 한솥도시락을 사 먹는 게 낫겠다는 생각을 몇 번이나 했다. 사춘기였던 나는 휴일도 없이 일하며, 그 흔한 캐치볼 한 번 함께해 준 적 없던 아버지가 영 달갑지 않았다. 무엇보다 그는 엄마가 집을 나가게 한 존재였다. 그런 아버지를 보며 '저런 어른이 되지 말아야지.' 수없이 되뇌곤 했는데, 한편으로는 이런 생각도 했다. '왜 자식을 두 명이나 낳아서 평생을 개미처럼 일만 하며 살까? 어쩌면 가족은 그에게 개미지옥이 아니었을까?' 그의 꽃 같은 젊음이 안쓰러웠다.

아버지는 내게 증오와 연민, 두 가지 상반된 감정이 공존하는 존재였다.

한편 나는 늦은 나이에 대학을 졸업하고 서울에 직장을 구했다. 셋방을 얻어 솔로 라이프를 즐겼다. 매거진 에디터라는 직업을 이야기하면 사람들은 "뭔진 모르겠지만 멋있어."라고 반응했다. 방점이 '멋있다'에 있는 게 아니라 '뭔진 모르겠지만'에 있다는 게 함정이었지만, 그런 말을 들으면 왠지 세련된 사람이 된 것 같았다. 하지만 보이는 것과는 달리 회사 생활은 고난의 연속이었다. 작은 회사에도 처신이라는 게 존재했고, 나는 그런 일에 익숙한 사람이 아니었다. 어린 시절 아버지는 입버릇처럼 "정직하게 살아라."라는 말을 반복했고, 그에게 잔뜩 세뇌된 나는 시끄럽게 일하는 건 정직하지 않은 행동이라고 생각했다. 묵묵히 일하면 언젠가 인정받을 거라고 생각했다. 하지만 현실은 달랐다. 조금 더 많이 말하는 사람, 조금 더 드러내는 사람, 조금 더 앓는 소리를 하는 사람이 대우받았다.

어느 해 엄마 생일에 엄마와 동생과 술을 마셨다. 아버지는 낄 수 없는 자리였다. 우리는 회와 청하와 처음처럼을 먹었다. 엄마는 자기 인생에서 제일 좋은 날이라며 들썩였다. 선물도 준비하지 않았는데 엄청 좋아하면서 계속 뽀뽀하려 했다. 겨우 이런 게 제일 좋은 걸까? 우리의 행복이 너무 누추해서 울적한 마음이 들었다. 집으로 돌아오는 길에 택시를 타고 한강을 건너는데 창틈으로 들어오는 바람이 차가웠다. 가슴이 헐거워졌고, 왜인지 모르겠지만 갑자기 아버지 생각이 났다.

　동생과 나를 독립시킨 아버지는 도시의 삶을 정리하고 시골에서 딸기 농사를 짓고 있었다. 어린 시절 도망치듯 떠났던 흙으로 다시 돌아간 것이다. 늦은 시간이었는데도 아버지는 전화를 받았다. "아브지, 시골 사람이 왜 아직 안 자요?" 아버지는 방금까지 비닐하우스 속 딸기를 돌보느라 이제야 저녁을 먹었다고 했다. 반찬은 어묵볶음과 깻잎. 아버지다운 식사였다. 왜 전화했느냐는 말에 나는 망설이다가 이야기를 꺼냈다. 요즘 회사 생활이 너무 힘들다고 했다. 묵묵히 일하면 인정받을 거라고 해서 그렇게 살고 있는데 잘 안 풀린다고 했다. 정직하지 않은 편이 더 나은 것 같다고 했다. 아버지는 내 이야기를 다 듣고도 아무 말 하지 않았다. 전화가 끊긴 줄 알고 톡톡, 모스부호를 보내자 그제야 말을 이었다. "아들아." 문득 심장이 크게 뛰었다. 그는 자신이 잘못 살아왔다며, 정직하게, 성실하게만 사는 게 정답은 아니었다고 말했다. 그러면서 나에게 이제라도 남들처럼 눈치도 보고 약게 살라고 조언했다. "아버지가 미안하다." 어휴 나 참, 대체 무슨 말을 하는 거람? 왜 갑자기 사과는 하고 난리지? 눈물이 터졌다. 서둘러 전화를 끊고 창문을 열었다. 눈물과 콧물이 화생방처럼 터졌다. 기사 아저씨가 건네준 휴지로 코를 풀면서 머릿속으로 김연우의 '이별택시'를 흥얼거렸다.

나는 진심으로 아버지가 미웠다. 그럼에도 불구하고 끝까지 정직하게, 성실하게 살라고 말해줬다면 어땠을까? 변하는 건 없겠지만 그의 말을 들으며 조금만 더 견뎌보고 싶었던 것 같다. 또 한편으론 살아가며 당신이 평생 옳다고 생각했던 신념이 무너진 것이, 그 사실을 아들에게 고백해야 하는 아버지의 처지가 슬펐다. 나는 좀비같이 어눌한 목소리로 기사 아저씨에게 말했다. "(꺼이꺼이) 아저씨⋯ (훌쩍) 혹시⋯ 담배 피워도⋯ 되나요?" "안 됩니다." "아, 네." 과연 세상은 냉정하다.

며칠 뒤 집에 있는데 낯선 번호로 전화가 왔다. "택배기사입니다. 김종원 씨 댁 맞나요?" 김종원은 우리 아버지고 이곳에는 살지 않지만 "네, 제가 김종원입니다." 하고 대답했다. 그렇게 김종원을 말하고 나자 진짜 김종원이 된 기분이었다. 오글거렸다. 뭐랄까, 진동 안마기가 꼬리뼈에 닿을 때 느껴지는 찌릿함 같은 거. 송장에 김종원 이름으로 사인을 하고 택배를 받았다. 알고 보니 아버지가 수취인 작성란에 자기 이름을 적은 거였다. 하얀 스티

로폼 박스에 아버지가 보낸 딸기가 들어있었다. 알이 굵고 단단한 딸기, 아버지를 닮은. 나는 현관에 선 채로 아버지의 딸기를 크게 한입 베어 물었다. 새콤한 과즙이 입안 가득 퍼졌다. 내 스타일이 아니었다. 달콤한 품종을 재배하라니까 왜 굳이 새콤한 걸 선택해서 감동을 깨는지 모를 일이었다.

언젠가 아버지의 잠든 얼굴을 본 적이 있다. 숨이 멈춘 듯 고요했다. 나는 그가 죽은 것은 아닌가 하고 코밑에 손가락을 대보았다. 아버지라는 존재와 어울리지 않는 희미하고 작은 숨이었다. 한참을 보다가 가만히 그의 눈꺼풀을 만져봤다. 볼록한 감촉이 마치 내 것인 것 같아 서둘러 손을 뗐다. 나는 여전히 아버지 같은 사람이 되고 싶지 않지만, 어쩌면 미래의 내가 그의 얼굴을 하고 있을지도 모르겠다고 생각했다. 싫으면서 안심이 되는 미묘한 감정. 누구나 그렇게 아브지가 되는 걸까?

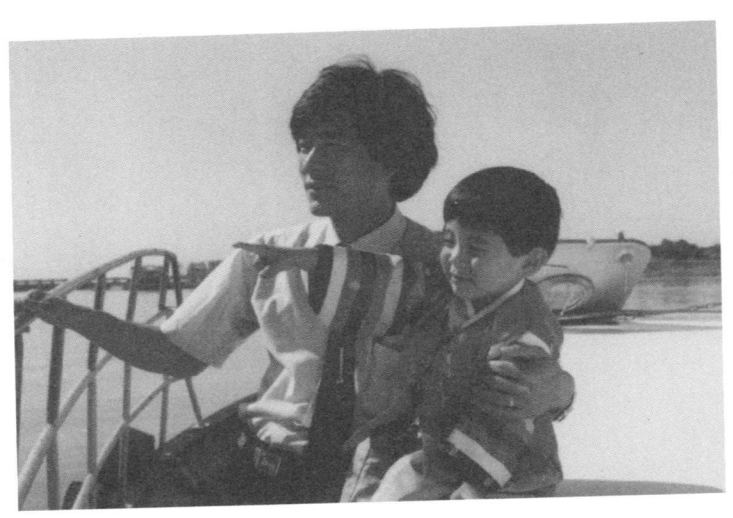

우리의 마지막 집밥은 언제가 될까

아버지는 구식 자동응답기 같다. 가끔 통화를 할 때면 늘 정해진 말만 하다가 끊기 때문이다. "밥은 잘 먹고 다니냐?" "네, 파스타 먹었어요." "얘가 밥을 안 먹어서 어떻게 해." "에? 밥 먹었다니까요." "밥을 먹어야지. 밥을." 트뤼플을 잔뜩 묻힌 파스타를 먹고, 열두 가지 재료로 삶은 한방 족발을 먹었다 해도 아버지는 쌀이 아니면 안 된다는 주의다. "요즘 애들은 밥을 안 먹어서 큰일이다." 한국 전쟁 피난민 같은 말만 되풀이하지만 아버지와 나는 고작 25살 차이밖에 안 난다.

아버지의 밥에 대한 집착은 어디에서 비롯된 걸까? 엄마가 집을 나간 뒤 아버지는 동생과 나를 먹여 살리는 일에 최선이었다. 비유가 아니라 진짜로 끼니를 챙기는 데 진심이어서 단 하루도 아침을 거르게 하지 않았다. 하루는 아버지가 아침으로 3분 카레밥을 했다. 과연 실패 없는 인스턴트의 맛이었다. 늘 잠이 부족했던 나는 카레를 한 입 먹고 그릇에 얼굴을 박은 채 기절해 버렸고, 때마침 화장실에서 나온 첫 번째 목격자가 소리쳤다. "아빠! 오빠 죽었어!" 오빠의 요절을 기대했던 동생의 바람과는 달리 나는 살았다. 살아서 하루 종일 카레 냄새를 풍기며 돌아다녔다. 돌이켜 보면 아버지에게 끼니를 챙기는 일이란 일종의 속죄가 아니었을까 싶다. 이혼 뒤 자신의 과오를 자책하며 자식들에게 희생하는 역할, 그런 빛바랜 통속이 아버지에게는 있는 것 같다. 보수적이고 옛날 사람 같은 아버지에게는 미안하지만 나는 이혼 가정의 자식이라는 유니크한 상황이 좋았다. 왠지 사고를 쳐도 '부모가 이혼했는데 어쩌라고요!'라며 까불 수 있을 것 같아서였다. 그러나 요즘 같은 시대에 이혼은 큰일이 아니다. 통계적으로 하루에 526쌍이 결혼하고 255쌍이 이혼한다고 했다. 불편한 진실을 마주한 나는 결혼도 전에 이혼을 걱정하는 사람으로 자랐다. 카레 참사 이후에도 시간은 무럭무럭 흘러 아버지와 동생과 나는 서로를 떠나 각자의 식탁을 갖게 됐다. 동생은 엄마와 재결합해 엄마의 밥을 먹고, 아버지는 새엄마와 살며 새엄마의 밥을 먹는다. 나는 <맛있는 녀석들>을 보며 '배달의 민족'을 먹는다. 매일 다채로운 메뉴를 고를 수 있다는 점에서 내 집밥은 아주 훌륭하다. 내로라하는 동네 셰프들의 음식을 소파에 누워서 먹을 수 있다는 게 얼마나 만족스러운 일인지, 아버지는 이해하지 못하겠지만.

요즘에야 '집밥'이라는 단어가 온기의 키워드처럼 여겨지지만, 나는 집밥을 생각하면 술안주가 먼저 떠오른다. 아삭하게 버무린 골뱅이무침과 자글자글 삼겹살 김치전골, 살이 통통하게 오른 닭발 같은 것들. 초등학생 아들 생일상에 골뱅이무침을 올리던 엄마는 당신이 좋아하는 술안주에 있어선 백종원 선생 뺨치는 실력자였다. 하지만 단지 그뿐, 평범한 음식엔 영 소질이 없는 것 같다. 얼마 전 명절엔 엄마가 동생과 함께 식사를 하자며 먹고 싶은 음식을 물었다. '명절엔 한국 전통 요리를 먹어야지.' 하는 생각으로 LA갈비와 잡채를 요청했다. 엄마라는 존재는 당연히 LA갈비와 잡채쯤은 잘할 줄 알았다. 하지만 이게 웬걸, 갈비는 짜면서 싱거웠고, 희끄무레한 잡채에는 목이버섯이 빠져 있었다. "나는 살면서 목이버섯이 없는 잡채는 처음 봤어, 엄마." 엄마는 대수롭지 않다는 표정이었다. 그녀는 대체 어떤 인생을 살아온 걸까? 빙초산 장아찌며 파프리카 된장찌개 같은 음식을 보고 있으면, 엄마에겐 자기만의 요리 철학이 있는 듯하다. 엄마는 한때 고향인 제주에서 작은 식당을 연 적이 있다. 메뉴는 제주식 고기국수 하나였다. 메뉴가 단출했기에 사람들은 동네에 엄청난 실력자가 나타난 줄 알았을 것이다. 하지만 엄마의 국수는 너무나 집밥 같았다. 집에서 먹기엔 괜찮지만 집 밖에서 사 먹기는 애매한 그 무언가. 주위에서 조금 더 자극적인 맛을 요구해도 엄마는 묵묵부답이었다. "요즘 사람들한테는 집밥이 필요해." 하지만 정말 집밥이 필요한 사람들은 집 밖에 나오지 않았고, 엄마의 식당은 빛의 속도로 망했다. 두 번 다시 고기국수를 만들지 않았으므로 엄마의 고기국수는 전설 속의 메뉴가 됐다.

<놀면 뭐하니?>라는 TV 프로그램에서 돌아가신 할머니의 만두를 복원하는 에피소드가 나왔다. 할머니의 고향 시장을 돌며 단서를 찾고, 대기업 연구원들의 집요한 실험 끝에 제법 완성도 있는 레시피를 추출했다. 할머니가 없는 식탁에서 그녀의 딸과 손녀가 함께 만두를 빚는 장면은 눈물 없인 볼 수 없었다. 나는 촉촉해진 눈가를 닦으며 배민으로 불고기피자를 시켰다. 감동은 감동이고 맛있는 건 불고기피자이기 때문이다.

그러고 보니 내게도 기억나는 할머니의 맛이 있다. 새우젓을 잔뜩 넣은 생선찌개였다. 짠맛을 느끼지 못하는 할머니의 미뢰 덕에 우리의 식사 시간은 거의 도파민 파티였다. 음식이 너무 짜서 얼굴이 마비될 지경이었는데, 그 맛에 중독돼 나중에는 보리차에서도 새우젓 향이 느껴질 정도였다. 할머니의 찌개, 아버지의 카레, 엄마의 잡채를 떠올리면 식구란 인내심이 좋은 사이를 말하는 거구나

생각하게 된다. 부족한 음식도 참아줄 수 있는 사이, 파격적인 경험을 추억으로 곱씹을 수 있는 사이, 음식은 거들 뿐 함께 보내는 시간이 더 귀해진 사이. 부모가 이연복 선생이었다면 조금 더 훌륭한 집밥을 기대할 수 있었겠지만, 부모를 바꾸기엔 너무 멀리 와버렸다. 부모 역시 미슐랭 레스토랑 하나 못 데려가는 자식이 부끄러울지 모른다. 그러니 겸허한 마음으로 우리가 한 식탁에 앉아 밥을 먹을 수 있다는 사실에 감사할 뿐이다.

　나는 종종 부모와 얼마나 더 많은 시간을 함께 식탁에 앉을 수 있을지 헤아려 본다. 1년에 한두 번, 엄마와 아버지가 평균 수명까지 산다고 가정했을 때 우리는 앞으로 30번 남짓한 식사를 함께할 수 있다는 계산이 나온다. 사용할 때마다 차감되는 발 마사지 회원권처럼 한 끼 한 끼 소중하게 사용해야 하는 것이다. 그런 의미에서 다음 명절엔 엄마한테 고기국수를 주문해 볼 생각이다. 최대한 무미건조한 표정으로 국물까지 후루룩 다 마신 다음 기뻐하는 엄마를 향해 이렇게 말해줘야겠다. "여전히 전설적인 맛이로군. 나 혼자만 즐기는 게 좋겠어."

나의 분홍색 할머니

 습작생 시절, 내가 쓴 소설의 주인공은 늘 두 명이었다. 사별 직전의 부부, 아들을 잃은 아버지와 그가 묵는 여인숙의 주인, 노인과 소년에 관한 이야기. 나는 상실을 가진 사람들이 자신의 울타리를 조금씩 열어가며 타인을 받아들이는 이야기를 즐겨 썼다. 소설 속 인물들은 이름과 나이, 언어는 달라도 침묵과 응시로 서로를 대한다는 점에서 모두 하나였다. 그중에서도 담배를 나눠 피우는 노인과 소년에게 특히 정이 갔다. 몸이 둥글게 투명해지는 노인과 아직 덜 무르익은 소년의 이야기. 내게도 그런 노인이 한 명 있다. 그녀는 눈이 작고 분홍색 옷을 즐겨 입으며 얼굴에 깊은 고랑이 있다. 무릎이 아파 작은 계단 하나를 오르는 데도 몇 분이 걸린다. 저녁 일찍 잠들고 새벽녘 눈을 떠 밭으로 출근하는 사람. 우리 할머니 '이경순' 씨의 이야기이다.

 소년의 기억 속엔 두 명의 노인이 있었다. 한 명은 키가 훤칠하고 인물이 좋았다. 그는 농부이자 목수로 늘 햇볕에 검게 그을린 얼굴을 하고 있었다. 온종일 논두렁 사이를 헤집었고 새참으로 막걸리를 즐겨 먹었으며 소총으로 전깃줄 위의 참새를 잡아 소년에게 구워주는 사람이었다. 또 한 명의 노인은 밭에서 일했다. 한 해에는 녹두와 고추를, 이듬해에는 열무와 배추를 심어 김치로 만들었다. 그녀는 국을 끓이는 솜씨가 남달랐는데, 특히 칼칼하게 끓인 시래깃국이 근사했다. 논에서 일하는 노인에게 새참을 나르는 일도 그녀의 몫이었다. 둘은 부부였다.

    소년에게 부부는 언제나 노인이었다. 소년의 부모는 젊은 나이에 도시에서 맞벌이를 했다. 자연스럽게 소년은 노인들의 시골집에 살았다. 소년은 노인과 함께 밥을 먹고, 노인을 도와 막걸리 심부름을 하고, 고사리 같은 손으로 농사철 모판을 날랐다. 시골 동네 형들과 들판을 뛰어다니다 땅거미가 지면 멀리 할머니의 부름을 받고 집으로 뛰어가 저녁을 먹었다. 소년은 늘 노인과 노인 사이에서 잠이 들었다.

    소년은 학교에 들어갈 나이가 되어 부모의 품으로 돌아갔다. 남겨진 노인들이 등 뒤에서 어떤 표정을 지었는지 소년은 알지 못했다. 그렇게 시간은 흘러 소년의 목소리는 여물고 시골집 다락방 속 장난감에는 먼지가 수북이 쌓였다. 그러던 어느 날 소년은 영문도 모른 채 부모의 차를 타고 급히 시골로 내려갔다. 평소에는 얼굴조차 볼 수 없던 먼 친척들이 시골집에 모여 있었다. 댓돌 위에 정갈하게 올려진 구두를 보며 소년은 무언가 감당할 수 없는 일이 벌어졌음을 감지했다. 모든 어른이 상냥했지만 소년은 어쩐 일인지 그들의 표정이 무서웠다.

소년과 함께 잠을 청했던 그 이부자리 위에 노인이 누워 있었다. 소년은 노인의 야윈 볼과 앙상한 손을 차례로 만졌다. 노인은 무언가 말을 하려는 듯 입을 벙긋거렸지만 그의 입에서 나오는 건 먼 바람 소리뿐이었다. 소년은 가슴속에 풍선을 삼킨 듯 그저 멀미처럼 울었다. 노인은 그곳에 모인 모든 사람의 눈을 하나하나, 사력을 다해 마주 본 다음 천천히 눈을 감았다. 생의 첫 번째 죽음 이후 소년의 주변 사람들이 하나둘 먼 곳으로 떠났다. 그러나 죽음은 결코 익숙해지는 감각이 아니었고, 처음인 양 늘 새롭고 처절하게 아팠다. 그 뒤로 소년에게 생긴 버릇 하나는 소중한 사람들과 함께할 수 있는 시간을 세어보는 것이었다. 소년에게 남은 처음이자 마지막 노인, 분홍색 할머니를 찾아간 것도 바로 그런 이유에서다.

할머니는 '안성댁'으로 불렸다. 할머니는 동이 트기도 전에 일어나 자주 바깥을 걸었다. 단 한시도 쉬지 않고 몸을 움직였고 손에는 늘 흙이나 물이 묻어 있었다. 그건 아주 어릴 적부터 몸에 밴 습관 때문이었다. 할머니는 안성시 미양면 신기리에서 3남 4녀 중 셋째로 태어났다. 다섯 살 때 어머니를 여의고 한국전쟁 당시 큰오빠마저 군인으로 생을 마감했다. 새어머니가 오시고 이복동생이 생기면서 할머니는 졸지에 설움을 당하는 처지가 됐다. 어른들이 시키는 대로 하루 종일 일만 해야 했다. 또래 아이들이 학교에 다닐 동안, 할머니는 논을 지키기 위해 뙤약볕 밑에서 새를 쫓거나 소에게 먹일 여물을 쑤었다. 눈을 뜨고 감는 순간까지 그저 일뿐인 일상, 열 살짜리 아이에겐 가혹한 현생이었다. 나는 그날의 이야기를 들으며 어릴 적 꿈을 물었지만, 할머니는 그 단어를 처음 듣는 사람처럼 아무 대답도 하지 못했다. 누구도 할머니에게 꿈꾸는 법을 알려주지 않은 것이었다.

할머니는 큰 언니의 중매로 할아버지를 만났다. 처음 본 날 사진을 찍고 바로 결혼 날짜를 잡았다. 할머니의 연애는 쑥스럽지만 대담했다. 둘은 곧 부부가 됐고, 그건 둘 사이에 책임질 입이 더 많아진다는 의미였다. 부부는 가진 것이 없어서 그저 일만 했다. 새끼줄을 꼬거나 성냥과 비누를 팔아 기름을 샀다. 그걸로 등잔을 켜 다시 일거리를 만들었다. 먹을 것이 없어 남들이 버린 우거지를 주워 국으로 끓여 먹었다. 그렇게 한푼 두푼 돈을 모아 20년 만에 오두막을 샀고, 거기에 직접 흙을 올려 헛간을 만들고 우물도 팠다. 밭을 사고, 논을 샀다. 네 명의 자손들이 모두 출가하고, 그의 아이가 또 아이를 낳게 되며 할머니는 제법 많은 식구의 어른이 됐다. 그리고 이제는 편한 소파에 앉아 조금 편하게 있을 법도 한데, 할머니는 옛 버릇 때문인지 끊임없이 몸을 움직인다. 할머니는 이제 더 이상 장사를 하지 못한다. 밭이나 논에 나가 무언가를 키우기에도 다리가 말을 듣지 않는단다. 정착한 동네에 정을 나누는 친구가 있었지만, 시간이 지나 하나둘 세상을 떠났고, 이제는 몇 안 되는 주변 사람들과 함께 노인정에서 시간을 보내는 것이 유일한 낙이 됐다. 할머니는 할아버지가 담긴 사진첩을 바라보다가, 멀리 허공을 바라보다가 다시 몸을 일으켜 잡초를 뽑는다. 장롱을 열고 무언가를 뒤적거린다. 가끔 혼잣말을 하곤 하는데 그게 무엇을 의미하는지는 아무도 모를 것이다. 가만히 귀를 기울여 보면 그건 어떤 주문 같기도 하고 신께 비는 기도 같기도 하다. 무엇을 빌었을까? 잘은 모르겠지만 노인의 기도를 아주 오래, 더 오래 듣고 싶다는 생각이 든다.

할머니를 오래 기억하고자 몇 개의 목록을 적었다. 이름 이경순, 전주 이씨, 음력 1938년 12월 15일생, 물병자리, 안성시 미양면 신기리 출생, 평택시 오성면 숙성리 거주, 3남 4녀 중 셋째, 혈액형 O형, 키 165센티미터, 의무

교육 받지 못함, 슬하에 2남 2녀를 둠, 현재 직업 할머니, 가장 오래 했던 일은 장사와 농사, 좋아하는 음식은 순댓국, 잘하는 음식은 된장 지짐(국이 갈수록 짜지는 게 단점), 가장 친한 친구는 찬종 엄마와 화숙 엄마, 하루 중 가장 오래 머무는 곳은 노인정, 주로 민화투를 치거나 구경함, 좋아하는 텔레비전 프로그램은 <6시 내고향>과 <인간극장>, 미국 프로레슬링, 가장 잘 부르는 노래는 이미자의 '흑산도 아가씨'("남~모올래~서어러운~세월은~가아고~"), 주량 맥주 두 병, 좋아하는 안주는 김치, 술을 마시면 아들이 딱하다고 통곡함, 옷을 사는 곳은 평택시장, 분홍색을 좋아하지만 회색 옷을 더 자주 입음, 비상금을 훔쳐둔 장소는 장롱 두 번째 서랍, 일회용 커피 분말과 우유 맛 캐러멜을 함께 숨겨 놓음, 자주 가는 미용실은 '강이 미용실', 손자에게 가장 자주 하는 말 "장가가라.", 생활신조 "보증은 절대로 서지 말아라.", 칠순 잔치 때 가족들에게 하신 말 "많이 벌기 위해 애쓰지 말고 아껴라." 전화를 끊을 땐 늘 "사랑해."라고 말하는 로맨티시스트.

 나는 언젠가 코끼리에 대해 글을 쓴 적이 있다. 코끼리가 나오지 않는 코끼리 이야기였는데, 그 안에서 한 인물이 이런 질문을 던졌다. "너희는 코끼리가 어디에서 죽는지 알고 있니?" 그는 스스로 답했다. "코끼리는 늪에서 죽어. 나이가 들고 아무것도 할 수 없어질 때, 씹기 좋은 풀을 찾아서 조금씩 늪으로 들어가는 거지. 천천히 사라지는 거야." 그리고 이렇게 덧붙였다. "그래서 우리는 코끼리가 죽어 사라지는 걸 볼 수가 없어. 그의 냄새도, 두꺼운 피부도, 길고 커다란 코조차도 말이야. 언제 사라졌는지 몰라서. 그래서 아주 오래 기억하고 있는 거야."

나의 분홍색 할머니 이경순 씨가 어떤 비밀을 감추고 있는지, 그가 어떤 목소리를 가졌는지 궁금했다. 사라져 가는 소중한 그를 오래 기억하고 싶어 이 글을 썼다.

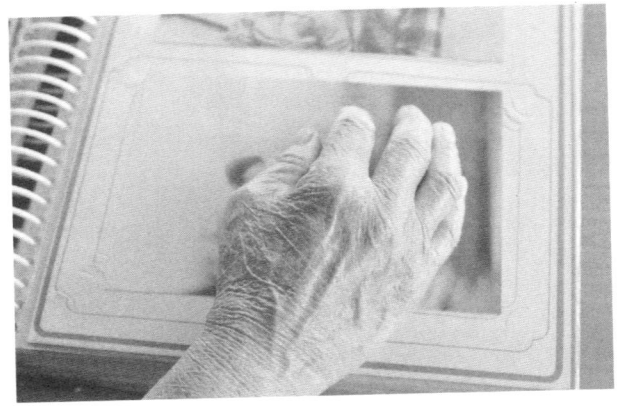

나의 이사 연대기

아버지가 불쑥 직장을 그만두고 시골에 내려가 딸기를 키우겠다고 선언한 것은 땀이 줄줄 흐르던 어느 여름, 수박씨를 바르면서였다. 그러면서 지금 사는 아파트를 처분할 테니 얼른 살 집을 구해서 나가줬으면 좋겠다고 말했다. 어안이 벙벙했다. 어른들은 하찮은 수박씨를 바르며 저런 선언을 하는구나 싶어 그 기세가 존경스러웠다. 얼마 후 그 소식을 들은 고모가 말했다. "이제 완전한 독립이구나." 지금 나이에 나가서 살면 돌아올 길이 요원하다는 말이었다. 그녀가 덧붙였다. "언젠가는 거쳐야 할 일이야." 그때부터 난생처음 홀로 살 집을 구하기 시작했다. 내가 가진 모든 짐을 담아야 할 곳. 떠나기보단 머무르며 지켜야 할 곳. 부모가 돌아가시면 내가 붙들며 의지할 유일한 공간.

그렇게 구한 집은 연남동의 2층짜리 오래된 주택이었다. 2층을 전부 쓴다면 좋았겠지만 내게 주어진 공간은 계단 아래 10평 남짓이 전부였다. 옆집에 할머니가 살고 윗집엔 할아버지가 살며 작은 마당에는 누가 주인인지 모를 감나무가 무르익는 곳이었다. '응답하라' 시리즈에 나올 법한 크고 단단한 철문이 아주 마음에 들었다. 이케아에서 접이식 소파를 사고, 당근마켓에서 산 빔프로젝터로 영화를 보고, 올리브오일을 사용해 파스타를 만들어 먹었다. 잘나가는 '여피'가 된 것 같았다. 이웃 노인들의 귀가 어둡다는 사실을 깨달은 다음부터는 매일 친구를 초대해 성대한 파티를 열었다. 술을 마시고 시를 읽고 울며 춤추다 잠들었다. 완벽하게 방탕하고 아름다운 시절이었다. 적어도 그들이 나타나기 전까지는.

프란츠 카프카의 소설 <변신>에서 주인공 그레고르는 자신이 벌레로 변해버린 것을 깨닫고는 이렇게 독백한다. '이게 어찌 된 영문일까?' 혼자 산 지 4년이 되던 해, 처음으로 다리 스무 개 달린 벌레를 발견했을 때 내 반응이 딱 그랬다. '이 아름다운 시절에 벌레라니, 어찌 된 영문일까?' 돈벌레는 시작에 불과했다. 돈벌레로 시작해 꼽등이를 거쳐 바퀴벌레에 이르기까지, 그들은 화장실 타일에 끼는 곰팡이처럼 집요하게 나의 일상을 좀먹기 시작했다. 이 끈질긴 종족은 새로운 아지트를 찾은 양 제멋대로 집안을 휘젓고 다녔다. 하루는 변기에 앉아 독서를 하는데 수챗구멍에서 꼽등이 한 마리가 기어 나왔다. 녀석은 조금 눈치를 보는가 싶더니 어느 순간 미친 듯이 튀어 오르며 춤을 추기 시작했다. 그의 광기를 지켜보며 나는 겨우 이렇게 소리쳤다. "자꾸 이러면 나는 죽고 싶어진다고!"

　방역 업체를 불렀지만 박멸은 불가능하다고 했다. 오래된 집의 특성상 외부로 통하는 구멍을 다 막을 수는 없다고 했다. "그렇지만 전에는 한 번도 이런 일이 없었는데요. 기후 위기 때문인가요?" 나는 울먹였고, 방역 청년은 진지한 얼굴로 주변 환경에 문제가 있다고 했다. 그 무렵 연남동은 오래된 주택을 리모델링해 식당으로 만드는 일이 유행이었고, 마침 바로 옆집과 앞집에도 새로운 브런치 카페가 생긴 참이었다. 식당에서 방역을 하면 벌레들은 안전한(?) 곳으로 이동을 하는데, 그게 우리 집인 것 같다고 청년은 말했다. 사진 속 먹음직스럽게 플레이팅 한 브런치가 모든 불행의 시작이라니. 그렇지만 그곳은 무려 인스타 맛집인걸!

　그렇게 매일 불면증에 시달리던 어느 밤, 환청처럼 '샤샤샤' 소리를 듣고 불안한 마음에 눈을 떴다. 어둠 속에서 두 마리의 정다운 짐승이 서로의 더듬이를 살랑거리는 실루엣을 감지했다. 다시 한번 샤샤샤. 나는 그 스산한 풍경이 꿈이길 바라며 죽은 듯 눈을 감았다. 아무리 그래도 두 마리는 선 넘은 거 아닌가? 당장 집을 허물어 버리고 싶었지만 그럴 수 없는 처지가 서러웠다. 뜨거운 눈물

이 베개로 스몄다. 울며 나는 생각했다. '지금 내 인생은 짠맛이로군.'

도망치듯 새로운 집을 구하기 시작했다. 부동산 다섯 곳에 연락해 몇 가지 조건을 일러두었다. 외부로 통하는 작은 구멍이 없을 것. 최소한의 볕이 들 것. 주변에 인스타 맛집이 없을 것. 그러나 내가 가진 돈으로 구할 수 있는 서울의 집은 필요 이상으로 좁거나 어두웠다. 그게 아니라면 괴짜 건축가가 술김에 만든 예술 작품 같았다. 가슴 높이만 한 위치에 변기가 놓인 집, 억지로 공간을 분리한 탓에 창문 하나를 옆집과 반반씩 나눠 써야 하는 집, 수도를 틀면 마라탕처럼 뻘건 녹물이 터지는 집. 물론 그런 곳에도 사람이 살았다. 그마저도 가지지 못한 사람이 많다는 걸 알기에, 타인의 집을 방문하는 동안 나는 매번 조심스러웠다. 선뜻 다음 집을 결정하지 못하고 우물쭈물하던 중 부동산 사장님의 호들갑스러운 연락을 받았다. 금방 나온 매물이 있는데 벌써 세 명이나 보고 갔다는 거였다. 서둘러 반차를 쓰고 망원동으로 향했다. 지은 지 30년도 넘은 낡은 빌라였다. 두 명의 아이를 둔 젊은 부부가 사는 곳이었다. 집 안 곳곳 손봐야 할 것이 많아 보였지만 아이가 산다는 건 기본적인 방역을 마쳤다는 의미였다. 하루빨리 벌레와의 동거를 끝내고 싶었기에 긴 고민은 하지 않았다. "제가 찜할게요. 다른 사람은 보여주지도 마세요." 국민은행에 구걸해서 빌린 돈으로 계약금을 치르고 이삿날을 잡았다. 그렇게 나의 연남동 라이프는 막을 내렸다.

이사를 하고 시간이 날 때마다 구석구석 새로운 동네를 산책했다. 자전거 벨을 쩌렁쩌렁 울리며 쾌속 질주하는 할머니, 손녀의 손을 잡고 설탕 꽈배기 먹는 할아버지, 분홍색 파마 캡을 쓰고 횡단보도를 건너는 아주머니. 경계심도 없이 느긋한 걸음으로 길을 건너는 고양이를 보면서 이곳 사람들의 넉넉한 마음에 대해 생각했다. 무엇보다 망원동엔 자전거 수리점과 동물 병원, 꽃집이 많았다. 그 상점들을 통해 이곳 사람들이 어떤 일상을 사는지 짐작할 수 있었다. 이름 모를 이웃의 하루가 무엇으로 채워지는지 상상하며 나 역시 습관처럼 퇴근길마다 꽃집에 들렀다.

집에 식물을 들이면서부터 일상에 작은 루틴이 생겼다. 각각 다른 생육 시기를 기억했다가 물을 주고, 해가 짧은 계절이면 볕이 드는 시간에 맞춰 창가로 자리를 옮겨줬다. 집에 물건이 쌓이는 걸 끔찍하게 싫어하지만 식물만큼은 아무리 보태도 과하지 않았다. 커다란 잎을 가진 알로카시아부터 물에만 담가도 쑥쑥 자라는 스킨답서스,

그의 친구 호야와 율마, 이름도 고상한 관음죽과 각종 야자, 시장에서 주워 온 고사리, 먼바다를 건너온 마오리 소포라까지. 외모도 내성도 다른 그들이 망원동 작은 집에 모여 각자의 끈기로 살아갈 때, 나는 문득 어떤 고마움과 안도감을 느꼈다. 앙상한 계절에도 푸름을 간직해 줘서 고맙고, 무심한 나를 버텨주어 다행이라고.

그 무렵 힘든 일이 많았는데, 캄캄한 방에서 한참을 울다가도 식물이 자란 방향으로 고개를 돌리면 그곳엔 늘 작은 볕이 들었다. 그 손바닥만 한 온기를 바라보며 겨우 일어나 차가운 물을 마시고, 우는 얼굴을 거울에 비춰보며 '참 못났다.' 생각할 때조차 식물은 말이 없었다. 그저 잎을 떨구는 것만이 자신의 가장 큰 울음인 것처럼 가만히 기다렸다. 말보다 귀한 그 작은 고요로 나는 종종 커다란 위안을 얻었다.

여름에 겨울을 바라보고 겨울에 여름을 기다리는 것처럼, 지나간 후에야 그리워하는 시절이 있다. 새로운 집에서 시간을 보낸 지 일 년도 훌쩍 지났지만 나는 종종 연남동의 시간을 떠올린다. 그곳을 거쳐 간 친구와 연인, 잠깐 맡아 기른 친구의 고양이, 생사조차 알 수 없는 어떤 인연들을 그리워한다. 그런 감상에 빠질 때면 벌레와의 끔찍한 추억조차 아련해진다. '살겠다고 도망 온 애들을 내가 다 죽이고 말았구나.' 하고, 다 깨달은 사람처럼 고개를 젓는다.

　계약 기간이 끝나면 망원동의 집 역시 다음 사람을 위해 비워줘야 한다. 그 끝이 오면, 그러니까 하나의 시절이 끝나고 나면 나는 또 멀리 떨어진 곳에서 이곳에서의 시간을 그리워할 것이다. 넉넉하진 않아도 식물이 자라기 좋은 볕이 들었고, 아이보리색 벽지가 따듯했으며, 소박한 모서리에 지도를 붙일 수 있어 다행이었다고. 유치하고 시시한 농담으로 웃고 떠들며 마침내 온화한 시간을 보낼 수 있어서 참 좋았다고.

어떤 편지

나는 정리의 왕이다. 책장과 옷장, 신발장과 냉장고 속 모든 사물의 규칙을 정하는 사람이다. 집에 놀러 온 친구가 내 책장 속 김영민 작가의 책을 나이키 창업자의 자서전 옆에 꽂아두고 간다면 그와는 오래 볼 수 없겠다, 생각하는 타입이다. 정리벽은 초등학생 때부터 있었다. 초딩 김건태는 등교한 직후, 그러니까 1교시부터 똥이 너무 마려웠다. 하지만 '학교 화장실에서 큰일을 보면 평생 놀림감이 된다.'라는 불문율이 있었기 때문에 속수무책 참을 수밖에 없었다. 1교시부터 6교시까지 고난과 역경의 시간을 보낸 후 하굣길, 처음 빙판을 걷는 새끼 펭귄처럼 뒤뚱거리며 집에 도착했다. 그러나 생사를 넘나드는 고비 끝에 달려간 곳은 화장실이 아닌 옷방이었다. 무엇에 홀렸는지 김건태는 입고 있던 옷을 하나씩 벗어 옷걸이에 걸고, 가방을 풀어 교과서를 제자리에 놓기 시작했다. 당장 죽을 것 같아도 눈앞의 정리가 더 중요했던 거다. 그리고 마침내 모든 위기를 탈출하고 화장실에서 나왔을 때 그는 가지런히 걸려 있는 옷가지들을 보며 세상 가장 흐

못한 미소를 지었다.

 어릴 적부터 남다른 강박을 가진 내게도 쉽게 정리하지 못하는 것이 있다. 편지와 사진이다. 어제의 내가 부러울 것 같아 함부로 열어보지도 못하고, 내일의 내가 후회할 것 같아 무작정 버리지도 못하는 기묘한 상자. 그 금단의 상자를 정리하려면 확실한 계기가 필요했다. 마침 이사를 코앞에 두고 묵은 짐을 정리할 기회가 왔다. 큰맘 먹고 그동안 받은 편지들을 바닥에 쏟았다. 그러고는 종량제 봉투에 한꺼번에 버리려는 순간, 내 손가락이 제멋대로 편지들을 펼쳐보기 시작했다. 그간에 받은 편지들을 모두 정독했고, 그때 그 시절의 사진까지 몽땅 찾아보며 추억에 빠져버렸고, 마침내 조금 울었다. 급기야는 콧물을 흘리며 우는 모습이 가여워 거울에 비춰 보기도 했다. 이사하다 말고 청승 떠는 게 완전 구리면서도 웃겼다. 그나마 웃을 수 있어서 다행이네, 생각하면서 편지는 고스란히 상자 속에 담아두었다.

 버리지 못한 수많은 편지 중 기억에 남는 게 하나 있다. 이전 직장의 상사에게 받은 것인데 사실 편지라기보다는 모든 직원에게 나눠주는 연하장이었다. 그는 직접 찍은 사진을 엽서로 만들어 그 뒤에 간략한 메시지를 적어주었다. 입사 1년 차에 받은 새해 첫 편지는 이랬다.

"나름 힘들게 한 식구가 되었네. 난 완벽한 사람은 아니지만, 그래서 훌륭한 편집장이 될진 모르겠지만, 이 세상에 하나쯤은 자유로운 편집장과 잡지가 있어야 하지 않을까 생각해. 물론 그 자유 역시 자유가 아닐지도 몰라ㅎ. 좋아하는 걸 공유하고, 이야기 나누고, 내가 뭘 보고 좋았는지, 언제 행복했고, 어떤 공간에서 웃었는지 기억하는 사람이 되고 싶어. 우리 회사 사람들도 그랬음 좋겠어."

두 번의 입사 면접에서 탈락하고 세 번째 도전에 합류하게 된 회사였다. 전임자의 빈자리를 채워야 한다는 부담감에 힘들어하던 내게 편집장은 조금 더 자유로워져도 괜찮다고 말했다. 결과물을 억지로 만들어내는 것이 아니라 서로 좋아하는 것을 함께 나누는 방식으로 일하자는 세련된 업무 지시였다. "누군가를 대체하기 위해서 건태 씨를 뽑은 게 아니야. 그러니까 건태 씨만의 목소리로 자기가 하고 싶은 걸 하면 좋겠어."

그의 말을 적극적으로 오해하기로 마음먹은 나는 그날 이후로 누구보다 자유롭게 일했다. 자유롭게 아이디어를 내고 자유롭게 취재하고 자유롭게 글을 썼다. 자유롭게 넘어지고 자유롭게 춤췄다. 자유롭게 지각하고 땡땡이도 쳤지만 그건 아주 가끔이었다. 자유로운 선배 밑에서 자유로운 동료로 자라났다. 이전 직장과 비교해 더 느슨한 환경에서 일했음에도 결과는 더 나을 때가 많았다. 가령 이런 식이었다. 미술관을 소개하기 위해 외국에 나갔는데 현지 사정상 일정 안에 취재가 불가능했을 때, 눈썰매를 타기 위해 협찬까지 받았는데 취재 당일 눈이 다 녹았을 때, 편집장은 무리한 취재를 요구하거나 대안을 찾으라고 다그치지 않았다. 실패하면 실패한 대로 그 안에서 좋았던 점을 이야기해달라고 말하는 쪽이었다. 이미 충분히 멋지고 괜찮은 것들을 뻔지르르 다시 포장하는 것보다, 남들이 미처 발견하지 못한 점을 솔직하게 이야기하는 방식에 독자는 반응했다. 때로는 그의 말랑말랑한 태도가 오래가지 못할 거라고 의심할 때도 있었지만, 내가 회사를 그만둔 후에도 그녀는 이전보다 더 느리고 단단하게, 반짝이며 나아갔다.

"난 새해 엽서도 이렇게 늦게 쓰지만 내가 마음 내킬 때 쓰니 좋다. 우리랑 같이 건태 씨도 성장하면 좋겠어. 괜히 손으로 썼나 봐. 팔 아파. 행복한 새해 보내."

최근에 업무적으로 스트레스가 많았다. 혼자 하는 일이라면 메시 뺨치게 잘할 자신이 있지만 유독 팀플레이에

약한 성격 탓이었다. 프로젝트를 관리하고 더 나아가 한 팀을 감독하는 역할을 맡으면서 구성원들과의 관계 설정에 특히 애를 먹었다. 능력은 있지만 독단적으로 일을 처리하는 팀장, 뭐든 좋은 게 좋지만 우유부단한 팀장, 권위로 무력함을 감추려는 팀장, 수많은 유형의 선배 중에 내가 닮고 싶은 온전한 롤모델을 찾지 못한 까닭이었다. 사실 팀장은 숨만 쉬어도 욕을 먹는 존재다. 동료들과 함께 술자리 안주로 씹던 그 역할을 맡으려니 마음이 복잡했다. 프로젝트를 완벽하게 성공시키면서 후배들에게도 사랑받고 싶다는 마음을 갖는 건 진정 욕심일까? 그런 생각이 들 때마다 편지의 담백한 마무리를 떠올렸다. '새해 엽서를 2월에 주는 게 무슨 자랑이라고? 팔이 아프다고 하는 거 보니까 내 엽서를 마지막에 썼나 보네?' 하고 콧방귀를 뀌다가도 문득 나도 저런 선배가 되고 싶다고 생각했다. 괜한 폼을 잡으며 으스대는 팀장이 아니라 동네에 하나쯤 있는 '만만하지만 나름 괜찮은 바보 형' 같은 동료가 되면 어떨까 하고.

언젠가 회사 동료들과 함께 제주에 놀러 갔다. 비가 억수로 오던 날 카페 계단에서 출랑거리다 크게 미끄러졌다. 모두가 동시에 나를 쳐다봤다. 계단이 부서진 건 아닌지 걱정된 카페 주인까지 달려 나올 정도였다. 무릎이 꺾이고 등이 쓸린 건 둘째 치고, 미친 듯이 부끄러웠다. 하지만 나는 곧바로 일어나지 않고 엎어진 상태 그대로 주머니에서 책을 꺼내 읽었다. 그러자 자리에 있던 모두가 터질 듯이 웃기 시작했다. 손가락질하며 '관종'이라고 놀려댔다. "응? 뭐가? 여기 책 읽기 좋아서 잠깐 앉아 있는 건데?" 비가 내려 책이 다 젖고 돌계단에 쓸린 등에서 피가 나기 시작해도 개그를 멈출 수 없었다. 사람들의 웃음소리가 너무 좋았기 때문이다. 시간이 지나 상처는 모두 씻은 듯 사라졌지만 그날 함께 웃던 동료들의 행복한 얼굴만큼은 잊지 못한다. 넘어진 김에 쉬어가는 일, 자유롭게 일하고 자유롭게 춤추기, 어떤 공간에서 웃었는지 기억하기. 의식한 적 없지만 어느새 편지의 문장대로 살아가는 나를 발견한다. 삶의 지침이 되는 작은 말들을 생각한다.

작고, 더 작은 하루

나는 솔로다. 마지막 애인과 헤어지고 1425일이 지났다. 솔로 기간이 길어지는 이유는 내가 구린 사람이기 때문이다. (헤어진 날짜를 센다는 것 자체가 이미…) 대중목욕탕에서 샤워도 안 하고 탕에 들어간다거나 술값을 안 내려고 신발 끈을 다시 묶지는 않아도, 나라는 인간이 별로라는 증거는 곳곳에 널려 있다. 하루라도 빨리 덜 구려지기 위한 방법을 찾아야 한다.

예전에 썸 타다 끝난 친구한테 그런 얘기를 들었다. "건태야, 너는 지금처럼 살면 나중에 아주 구려질 거 같아." 그건 외모뿐만 아니라 나의 삶 전반에 관한 이야기였다. 흐지부지하게 끝난 관계에 던지는 저주처럼 들려서 그 애가 마녀처럼 보였다. 그리고 그녀의 예언처럼 시간이 지날수록 다양한 방식으로 구려지는 나를 발견했다.

마녀의 첫째 예언은 몸속에서 일어났다. 언젠가부터 나의 대장이 과도하게 가스를 생산하기 시작한 것이다. 아침에 일어나서 뿡, 점심 먹고 뿡, 자기 전에 뿡. 365일 방귀 대장이 된 기분이었다. 한 번은 중요한 미팅 자리에서 신호가 왔다. 간신히 똥꼬에 힘을 주며 브리핑을 마쳤다. 질문을 받을 차례가 되어 사람들을 쳐다보는데, 불현듯 배 속에서 닭 뼥뼥이 버튼이 눌렸다. 뻬오오오오옹. '아뿔싸, 닭 모가지를 비틀어도 새벽은 오는구나!' 서라운드로 울리는 배 방귀에 모두가 침묵했다. "하하, 제가 공복이어서…." 헛소리로 상황을 무마하려는 와중에도 장의 샤우팅은 멈추지 않았다. 뻬옥-뽁-뽁. 폐결핵에 걸려도 담배를 피우고, 위산이 역류해도 꿱꿱거리며 양치질을 했으며, 간이 썩어 문드러져도 술만은 못 끊는다고 허세를 부리던 나지만, 배 방귀만큼은 참을 수 없었다. 문자 그대로 너무나 구린 몸이 된 것 같았다. (이런 글을 쓰는 지금도 나는 민망해 죽을 것 같다.)

그다음 예언은 성격에서 드러났다. 다정함은 체력에서 나온다고 믿는 편인데, 일상을 살아갈 체력이 고갈된 나머지 짜증만 내는 인간이 되어버린 것이다. 가령 누군가 내 디젤 청바지를 유니클로와 혼동했을 때, 허락 없이 내 돈가스를 뺏어 먹었을 때, 노래방에서 내 순서 앞에 우선 예약을 입력했을 때, 나는 머릿속에서 그의 목을 조른다. 그리고 이렇게 윽박지른다. "내 가족은 건드려도 나는 건드리지 말라고!" 배터리 최대 성능이 73퍼센트에 불과한 내 아이폰 8처럼 나는 이제 완충이 불가능한 구식 모델이 되어 인류 멸망을 꿈꾸는 것이다.

마지막은 점점 구려지는 감각이었다. 정확히는 해가 지날수록 일터에서 필요 없는 존재가 되어가고 있다는 두려움이었다. 기획하고, 인터뷰하고, 글을 쓰고, 사진과 디자인을 다루는 업무에 자신감이 사라져갔다. 경력이 쌓일수록 숙련되는 장인(기술자)과 다르게 '에디터'라는 직업에는 감각적으로 활약할 수 있는 적정 나이(전성기)가 있다고 여긴다. 기존에 해오던 것을 관성적으로 잘 할 수는 있겠으나, 보다 예민한 눈으로 세상을 바라보고 누구도 시도하지 못한 참신한 기획으로 콘텐츠를 만드는 힘은 '젊음' 그 자체에서 나온다고 믿기 때문이다. 그래서 특출한 프로젝트를 보거나 잘나가는 후배 에디터의 이름이 현장에 오르내릴 때마다 '퇴물'이라는 단어를 생각한다. 진즉에 은퇴했어야 하는데 선수로 뛰고 싶어서 발버둥 치는 건 노욕이 아닐까? 더 잘할 수 있는 후배의 자리를 빼앗은 건 아닐까? 나는 왜 이리도 구릴까? 그냥 죽어버릴까? 그런 생각을 종종 한다. 결론적으로 마녀의 저주는 성공적으로 먹혀들었다. 나는 '일못짜방(일도 못하면서 자리만 차지하는 짜증 방귀 아저씨)'이 됐다. (이런 줄임말을 쓰는 것부터가 문제라는 걸 알지만 멈출 수 없다.)

그렇게 시간이 지나 방귀 대장 아저씨가 그냥저냥 구

려진 채 살아갈 무렵, 헤어진 썸녀가 결혼을 한다며 청첩장을 보내왔다. 의도가 뭘까? 나를 말려 죽이려는 건가? 한 가지 안도했던 건 상대 남자가 별로였다는 점이었다. "솔직히 얼굴은 내가 낫지 않나?" 화장실 거울을 보며 삼류 오타쿠나 할 법한 대사를 중얼거리다가 순간 너무 비참해서 눈물이 났다. 한편으로는 이보다 더 구려질 수는 없을 테니 그나마 다행이라는 안도감이 들었다. 바닥을 치면 올라가는 게 인지상정이니까. '복수를 하자, 개 멋있어지자.' 그렇게 마음먹고 구글 캘린더를 만들었다. 불성실한 인간에게 연간 계획은 꿈같은 일이었으므로, 딱 1개월 치의 목표만 세우고 데일리로 해야 할 일들을 세분화했다.

데일리 목표(주말 제외)

- 어휘 | 아침 독서 30페이지, 밑줄 노트 만들어 기록
- 기획 | 출퇴근길 뉴스레터 구독
- 몸짱 | 푸시업 50개
- 체력 | 주 2회 수영 강습
- 식단 | 매일 채소 한 가지 먹기

계획의 핵심은 이거다. '무리하지 않는 선에서'. 거창하게 시작할 것이 아니라 사소한 반복의 힘을 믿기로 했다.

하루가 한 달이 되었을 때 내가 달성해야 할 목표치 역시 놀라울 정도로 소소한 수준이었다.

한 달 목표

- 독서 | 3권
- 창작 | 짧은 글쓰기 2편
- 체중 | 체중 500g 감량
- 음주 | 8회 미만

이런 매일의 반복을 6개월째 하고 있다. 사실 내가 엄청나게 달라졌다고 생각하지 않는다. 새로운 애인이 생긴 것도 아니고, 놀라운 기획을 하거나, 방귀가 획기적으로 줄어든 것도 아니다. 치밀하지 않은 계획 안에서도 나태하게 구는 날이 더 많았으니까. 하지만 매일 캘린더의 체크리스트를 지울 때마다 작은 성취감을 느꼈다. 하루를 알차게 살아낸 느낌이었다. 무엇보다 더 이상 자존감에 대해 생각하지 않는 것만으로도 자존감 지옥에서 벗어났다고 진단한다.

고백건대 나는 최대한 노력 없이 이루고 싶다. 노력하지 않아도 이룰 수 있는 계획을 세우고, 노력하지 않아서 얻은 결과로 만족하는 삶을 살고 싶다. 그리고 지금 나는 매일 아주 작은 체크리스트를 지우는 것만으로도 충분히 행복한 하루를 살고 있다.

결핵과 문학과 라이터

"지긋지긋해." 안주로 나온 명란구이를 짓이기며 '망원동춤꾼(에어로빅 10년 경력, 이하 망춤)' 말했다. "삶이 왜 이렇게 따분할까?" 망춤은 13년 차 유치원 선생님으로, 줄곧 한 직장을 다녔다. 비가 오고 눈이 오고 꽃이 피고 실연을 당해도 매일 같은 버스를 탔다. "다른 일을 해보고 싶어. 그런데 안 돼. 뭔가 새로 시작하기엔 너무 늦은 거 같거든." 망춤은 진흙 속에 발이 묶인 사람처럼 절망적인 얼굴을 했다. 나는 대답 대신 그녀의 잔을 채웠다. "그래도 오빠는 좀 낫지 않아? 작가잖아." 순간 민망한 마음이 들어 고개를 쳐들고 주변을 살폈다. 감히 나 따위가 작가라니. 낯부끄러운 호명에 당장이라도 성층권 바깥으로 튀어 나가고 싶었다. 대학에서 문학을 전공했다는 이유로 친구들은 나를 김 작가라 불렀다. 웃기지 못하는 개그맨, 모자 없는 마술사, 씨 없는 수박처럼 어쩐지 볼품없고 슬픈 호명이었다. "그래서 말이야. 나도 글을 좀 써보고 싶은데, 작가는 어떻게 해야지 될 수 있는 거야?" 망춤은 진지했다. 그녀는 사뭇 비장한 표정을 지으며 내 쪽으로 안주를 밀었다. "네 이야기를 좀 들려줘 봐."

모든 건 결핵 때문이었다. 개화기 소설에나 나올 법한 그 질병 때문에 문학을 전공하게 됐다. 이런 말을 하면 누군가는 "결핵과 문학? 너무 상투적인데?" 하고 말할지도 모르겠다. 그런데 우리 인생이 상투적이지 않았을 때가 있던가?

스무 살의 나는 대학에서 문화재를 전공했다. 땅을 파서 나온 도자기의 연도를 측정하거나 오래된 그림을 복원하는 법을 배웠다. 그러다 군대에 가게 됐고, 전역 기념으로 인도 여행을 떠났다. 당시만 해도 배낭여행을 하는 사람이 많지 않아서 인도를 선택했다는 건 충분히 자부심을 가질 만한 일이었다. 반년간의 배낭 수행(?) 동안 구도자처럼 수염을 기르고 자유로운 영혼인 양 방랑했다. "지금 이 순간 당신에게 가장 의미 없는 일을 하세요." 인도 사막에서 만난 구루의 가르침에 따라 멀쩡히 다니던 대학에 자퇴서를 냈다. 그리고 워킹홀리데이를 준비했다. "지구별 여행자가 되자! 히피의 삶을 살자! 짜이를 마시자!" 남보다 깨어 있는 사람처럼 굴었지만, 지금 생각해 보면 미래를 생각하기 귀찮아하는 방탕아일 뿐이었다.

하지만 신은 바보가 자신의 계획대로 살도록 놔두지 않았다. 워킹홀리데이를 위한 신체검사에서 결핵 판정을 받았고, 비행기 티켓은 취소됐고, 나는 이미 대학을 자퇴한 사람이었다. 사람들한테 작별 인사도 다 했는데…. 이제 와 돌아가면 친구들을 볼 낯이 없었다. 그때 문득 책장에 꽂힌 '해리 포터' 시리즈가 눈에 들어왔다. '저 작가는 책을 팔아 수백억을 벌었다지? 빗자루와 부엉이 따위가 등장하는 소설이 뭐 대단하다고….'

그때만 해도 내게는 재능이란 게 있는 줄 알았다. 어린 시절 독후감을 쓰면 "참 잘했다."라는 칭찬을 받기도 했으니까. 당장이라도 글을 써서 책을 내면 떼돈을 벌 것 같았다. 어마어마한 부자가 되어 도시를 짓고 그곳에 고아원과 양로원을 만들어 노벨평화상 받는 꿈을 꿨다. 순진했다. 돌이켜 생각해 보면 그때 낸 등록금으로 비트코인을 샀으면 아마 꿈은 더 빨리 이뤄졌을 거다. 아버지는 늘 당신이 청년이었을 때 조부모의 논을 팔아 강남땅을 사지 못한 걸 후회하곤 했는데, 그의 마음이 십분 이해가 갔다.

구글에 '작가 되는 법'을 검색했다. 문예창작과를 졸업하고 등단을 하면 작가로 인정받는다는 댓글을 발견했다. 나이에 상관없이 글쓰기 시험에 통과하면 입학이 가능하다고 했다. 번갯불에 콩 구워 먹듯 시험을 보고 덜컥 합격해 버렸다. 그렇게 결핵이 만든 인생의 B코스가 열렸다.

예술대학, 그중에서도 문예창작과. 뭔가 창의적이면서 구릴 것 같은 느낌이 들었다. 〈빅뱅이론〉의 셸든 같은 너드 캐릭터만 잔뜩 있으면 어떡하지? 나 인기 많으면 어떡하지? 두 번째 대학이라 이번에는 진짜 공부해야 하는데…. 온갖 걱정이 앞섰다. 기우였다. 스무 살 아이들은 하나같이 옷도 잘 입고 머리도 잘 꾸몄으며 심지어 알록달록한 양말을 신고 다녔다. 서른쯤의 늦다리 신입생에겐 말도 걸지 않았다. '좋아, 계획대로 되고 있어.' 나는 조금 울었다. 아무도 말을 걸어주지 않아서 정말 열심히 공부했다. 매일 도서관에 앉아 소설을 읽고 시를 읽고 평론을 읽다가 엎드려 잤다. 연두색 색연필로 밑줄을 긋고 번뜩이는 표현을 메모했다. 열정적으로 글을 쓰고 다음 날 찢어버렸다. 술도 매일 먹었다. 마음 맞는 친구와 밤마다 캠퍼스 계단에 앉아 맥주를 마셨다. 우리가 핏대를 세우며 문학의 미래를 토론하는 동안, 반대편 테라스에선 연극과 학생들의 대사 연습이 한창이었다. 건물 안쪽에선 음악과 교수의 피아노 연주가 들렸고, 광장 가운데에선 무용과 학생이 흐느적거리며 춤인지 개그인지 모를 이상한 동작을 시전했다. 모든 예술이 한 공간에서 벌어졌다. 낭만이었다.

뭐니 뭐니 해도 문예창작과의 백미는 합평 수업이었다. 스무 명의 학생이 동그랗게 둘러앉아 서로의 작품에 대해 대화하는 시간이었다. 말이 대화지 실은 일방적인 조리돌림이나 다름없었다. 형벌의 시간 동안 쓰레기 같은 작품을 제출한 죄인은 학우들의 비난을 묵묵히 견뎌야 했다. "김건태 학우의 소설은 기억에 남는 장면이 없어요. 구성이 복잡하고 대사 처리가 어색해요. 캐릭터도 매력적이지 않고요. 이런 개똥 같은 소설은 인쇄를 금지해야 합니다. 아마존의 나무가 불쌍하네요. 그렇지만 재미있게 잘 읽었습니다." 뭐라고? 재미있게? 나는 영혼을 강의실 밖으로 날려 보낸 채 그의 이름을 노트에 적었다. 고개를 숙이고 부두교 사제처럼 중얼거렸다. "크린토피아, 크린토피아에 가야겠다. 크린토피아에 가서 저 자식의 더러운 주둥이를 내 신발에 넣어서 빨아 버릴 거야."

그런 합평을 받고 너덜너덜해진 날이면 어김없이 낮술을 먹었다. 두붓집에서 막걸리를 받아와 운동장 한가운데서 술판을 벌였다. 덩실덩실 춤을 췄다. 래퍼 마미손이 말하길 떡볶이를 먹어도 맛이 없으면 진짜 슬픈 거라는데, 춤을 춰도 눈물이 나오니 얼마나 가여운 일인가. 끊었던 담배가 생각나 멀리서 걸어오는 누군가에게 소리쳤다. "이보시오! 담배 좀 빌립시다!" 시정잡배처럼 상대를 불렀고, 그가 가까이에 온 후에야 머리가 희끗한 교수님이라는 사실을 알았다. 연신 죄송하다며 고개를 숙여 사과했는데, 그는 300원짜리 라이터로 직접 불을 붙여주며 말했다. "예술 하는 사람이 뭘. 오래 버티려면 취하기도 하는 거지."

 취미가 일로 이어질 수 있도록 버티고, 일이 삶을 지탱할 수 있도록 또 버티는 것. 라이터 교수님을 만난 이후로 나는 조금 더 열심히 취하고 조금 더 정열적으로 춤췄다. 우는 것보다 포기하는 것이 더 부끄러운 일이라는 걸 그때 깨달았다. 푹신한 방석을 샀고, 방석에 구멍이 날 정도로 자리를 지키며 글을 썼다. 치열하게 쓰고 지우기를 반복했다. 그래서 어떻게 되었느냐고? 누구보다 오래 버틴 끝에 교내 문학상을 받고 문예지의 신인상을 받으며 등단까지 일사천리로 진행됐…으면 좋았겠지만, 그런 일은 일어나지 않았다. 졸업 후 등단보다 돈벌이를 선택했고, 직장 생활과 함께 작가라는 타이틀은 점점 멀어져 갔다. 하지만 어쨌든 나는 지금 글을 써서 밥을 벌고 글을 써서 옷을 입고 글을 써서 사랑을 하고 글을 써서 삶을 영위한다. 어디선가 하나둘 낯익은 이름들이 작가가 되었다는 소식을 들을 때마다 애써 웃으며 박수를 보낸다. 그리고 그들의 끈기가 나보다 질기고 간절했음을 한없이 부러워한다.

 "그러니까 작가가 된다는 건 푹신한 방석을 준비하는 일이야. 무슨 일이 있어도 자리에서 일어나지 않고 글을 쓰는 것. 엉덩이가 아파서 작가가 못 되는 건 너무 억울하잖아." 내 말에 망춤은 콧방귀를 뀌었다. "뭐야, 그럼 오빠는 작가가 아니었네?" 그러면서 안주를 다시 자기 쪽으로 가져갔다. "내 입으로 작가라고 말한 적 없는데?" 우리는 서로에게 손가락질하고 침을 튀기며 싸우기 시작했다.

 그 많은 등록금을 쏟아붓고도 자기 이름의 책 하나 가지지 못한 게 부끄럽지 않은가? 종종 그런 생각이 들긴 하지만, 그럴 때마다 나는 좌절하거나 울기보단 가만히 그날의 300원짜리 라이터를 떠올린다. 나는 지금도 여전히 버티는 중이라고. 그러니 아직은 괜찮다고.

Editor

k

k k

...

Chapter_B

단언컨대 세대를 아우르는 유일'한 장르는 슬랩스틱이다

메시를 찾아서

건방지게도 나는 존경하는 사람이 없다. 세종대왕도 신사임당도 나에겐 그저 화폐에 새겨진 얼굴에 불과하다. 그런 와중에 내가 위인이라고 생각하는 단 한 사람이 있다. 150년 현대 축구 역사의 올 타임 레전드, 살아 있는 전설, 어떤 수식어로도 형용할 수 없는 그는 아르헨티나 축구선수 리오넬 메시다. 1987년생 토끼띠로 나보다 동생이지만 메시는 나에게 형님이자 삼촌이자 선생님이다. 역사이자 신념이며 종교다. 그를 만나기 위해 바르셀로나행 비행기에 오른 것은 일종의 계시나 다름없었다.

짐은 30리터짜리 작은 배낭에 담은 옷 두 벌과 카메라 한 대가 전부였다. 그마저도 공간이 남아, 읽지도 않을 시집을 세 권이나 챙겼다. 목적이 단순할수록 짐은 작아지기 마련인데, 스페인을 여행하는 이유가 딱 그 가방 크기만 했다. 축구팀 FC바르셀로나의 공격수 메시를 보는 것. 그의 플레이를 직관하며 "메시아!"라고 크게 불러보는 일. "아르헨티나 사람을 만나기 위해 스페인에 간다는 건 조금 우스운 일이지 않아?" 메시 외에는 어떤 계획도 세우지 않았다는 내게 친구는 말했다. "너는 스페인을 낭비하는 거야." 그의 말에도 일리는 있었다. 하지만 어떤 꿈이든 유통기한이 존재하는 법이다. 삼십 대 메시가 은퇴 후 박물관으로 들어가기 전에 경기장에서 살아 움직이는 그를 보고 싶었다. "너도 체 게바라를 만나러 쿠바에 갔잖아. 그가 아르헨티나 사람인 건 알고 있지?" 친구는 입을 다물었다.

열여덟 시간 비행 끝에 바르셀로나에 도착했다. 서울에서 모스크바를 거쳐 바르셀로나에 닿는 동안 아침은 밤이 되었고, 겨울은 가을이 되었으며, 나는 여덟 시간 뒤의 시차를 사는 사람이 되었다. 숙소로 가는 택시에서 기사는 바르셀로나의 아름다움에 대해 한참을 떠들었다. 특히 가우디의 건축물을 설명하며 조금 흥분한 듯 보였다. 만약 내가 스페인어에 능숙했다면 그는 아주 훌륭한 가이드였겠지만, 이번 여행을 위해 내가 익힌 로컬 언어는 "올라, 그라시아스, 떼 아모."뿐이었다. 조금 과장되게 말하자면 인사와 감사 그리고 사랑으로도 충분히 훌륭한 여행을 할 수 있다고 믿었다.

메시의 경기 전까지 아무런 계획이 없던 나는 바르셀로나의 낮과 밤을 하릴없이 걸었다. 카탈루냐 광장에서 오랜 시간을 보냈다. 사람들의 옷차림과 걸음걸이, 머리를 넘기는 방향이나 담배를 피울 때 어떤 호흡으로 연기를 뿜는지 같은 것들을 지켜봤다. 바르셀로네타 해변에서 발가락으로 모래를 들었다 놨다를 반복했고, 스페니시 기타를 연주한 버스커에게 동전을 건넸다. 한 무리의 미국인 관광객 사이에 끼어 가이드의 공짜 설명을 듣기도 했다. 밤에는 아르헨티나 식당에서 스테이크와 맥주를 마셨다. 여독이 풀리지 않아 금세 취기가 돌았다. 평소였다면 더 많은 술을 찾아 떠돌았겠지만, 스페인 소매치기의 악명을 들은 터라 일찌감치 숙소로 복귀했다. 창밖으로 '레알 마드리드(메시의 FC 바르셀로나와 라이벌 팀)'를 연호하는 무리가 지나갔다. 나는 창문을 조금 열고 "비스까 엘 바르샤(바르셀로나 만세)!"를 외쳤다. 그러다 턱수염을 명치까지 기른 남자와 눈이 마주쳤고, 위험을 직감한 미어캣처럼 동물적인 감각으로 창문 아래 몸을 숨겼다.

바르셀로나에 도착한 후로 거의 매일 밤 타파스 바를 떠돌았다. 타파스 바는 작은 그릇에 안주를 담아 내오는 선술집으로, 새로운 친구를 사귀기에는 더없이 좋은 장소였다. 바르셀로나 사람들과 친구가 되는 방법은 두 가지였다. 메시를 찬양하거나 그의 라이벌 호날두를 욕하거나. 타파스 바에서 만난 마테오는 아틀레티코 마드리드(레알 마드리드의 또 다른 라이벌 팀)의 신봉자로, 메시를 보러 간다는 나를 '형제'라고 불렀다. "레알 마드리드의 적은 나의 친구!" 우리는 공공의 적 호날두를 반건조 오징어처럼 씹으며 맥주를 들이켰다. 헤어질 무렵 그는 바르셀로나에서 가장 맛있다는 하몽 집의 주소를 적어주며 자기 이름을 말하면 멋진 서비스를 받을 거라고 덧붙였다. 멋진 친구도 사귀고 스페인에서 가장 맛있는 하몽을 먹을 수 있다니, 모든 게 완벽해 보였다.

다음 날 나는 마테오의 인생 하몽을 찾아 골목을 누볐다. 그러나 그가 알려준 주소에는 하몽 집 대신 구두 상점이 있었다. 몇 번을 기웃거린 끝에 나는 겨우 이렇게 말할 뿐이었다. "혹시 저기 쌓여있는 게 하몽인가요?" 하비에르 바르뎀을 닮은 상점 주인이 대답했다. "저건 싸구려 돼지고기가 아니라 납작하게 손질한 버펄로 가죽이오." 그는 웃음기 없는 얼굴로 다시 말했다. "배가 고파서 그러는 거요?"

말마따나 '싸구려 돼지고기'를 위해 세 시간을 헤맸지만 아무것도 건진 게 없었다. 생각해 보면 내가 마테오에 대해 아는 것이라곤 그가 지독한 곱슬머리라는 것과 하몽을 'Jamon'이 아니라 'Hamon'으로 적었다는 것뿐이었다. 토마토소스가 묻은 메모를 보며 하루를 날렸다고 생각하자 문득 스스로가 대견하게 느껴졌다. "아무렴 바닥을 헤매는 게 여행이지!" 나는 자기합리화의 대가다.

대신 마트에 들러 하몽과 와인을 한 병 사 들고 '벙커 Bunkers del Carmel'에 올랐다. 벙커는 스페인 내전 당시에 사용된 언덕 위 군사 기지로, 도시의 야경을 보기 위한 사람들로 가득했다. 저녁놀을 배경 삼아 키스하는 커플들 사이에 쭈구리처럼 앉아 도시가 붉게 물드는 광경을 찬찬히 지켜봤다. 아련한 분위기에 휩쓸려 와인 한 병을 순식간에 비웠다. 그때였다. 어디선가 바르셀로나 응원가가 들려오기 시작했고, 술에 취한 스페인 친구들을 따라 메시 이름을 부른 게 화근이었다. 패기 넘치는 청년들과 함께 싸구려 와인을 나눠 마신 뒤, 벙커를 내려와 골목 구석구석 자리를 옮겨가며 술을 마셨다. 노래 부르고, 춤을 추고, 바지에 맥주를 쏟고, 토하는 스페인 친구의 등을 두들겼다. 그리고 기억은 딱 거기까지다. 대체 무슨 일이 벌어진 걸까? 간신히 눈을 떴을 때 나는 침대 위에서 머리를 감싸쥐고 뒹굴고 있었다. 내게 남은 건 온몸의 멍 자국과 숙취 하나뿐이었다. 정말이지 그것뿐이었다.

"핸드폰과 지갑을 잃어버렸어요. 아니, 도둑맞았어요!" 나는 전화하는 시늉을 하며 '스톨른'을 반복했다. 머리가 반쯤 벗겨진 경찰관은 이런 상황을 수천 번쯤 반복한 사람처럼 느릿한 손으로 폴리스 리포트를 내밀었다.

보험금을 위한 증빙 서류였다. "나는 지금 당장 핸드폰을 찾아야 해요. 그 안에 예약 번호가 있다고요. 메시를 만나야 해요. 제발. 제발. 제발." 경찰관은 심드렁한 표정을 지으며 동료에게 말했다. 아마 이런 식이었을 것이다. "글쎄, 이 중국인이 핸드폰을 잃어버렸다는데 지금은 메시의 이름을 부르며 울고 있어. 대체 뭐라는 거야?"

그래서 어떻게 되었느냐고? 결론적으로 나는 메시를 만나지 못했다. 혹시나 하는 마음에 경기장 앞까지 갔지만 가진 돈이 없는 나는 두 배 이상 오른 암표 가격을 감당할 수 없었다. 그날 메시는 해트트릭을 기록했고, 여행은 그걸로 끝이었다.

한국으로 돌아오기 전날 밤, 마지막으로 벙커에 다시 올랐다. 노을을 바라보며 메시에게 작별 인사를 건넸다. 또 어디선가 바르셀로나의 응원가가 들려왔지만 애써 반응을 참았다. 다만 조금 울었다. 허탈한 눈물과 헛웃음이 공존하는 밤. 이상한 일이지만 나는 그 광경이 썩 나쁘지 않다고 생각했다.

한국에 돌아와 다시 만난 친구는 나의 여행담을 듣자 실패한 여행이라며 한참을 비웃었다. 맞는 말이다. 어렵게 시간을 내어 떠났지만 메시를 만나지 못했으니 여행은 실패다. 하지만 떠나기 전 친구의 말처럼 내가 스페인을 낭비했느냐 생각해 보면 그건 모르겠다. 열여덟 시간 비행 끝에 만난 유쾌한 택시 기사, 이름 모를 광장의 사람들, 무심코 들어간 식당에서 찾은 메시의 친필 사인, 벙커의 빛나는 저녁, 새로 사귄 친구들이 남았으니까. 무엇보다 나는 이제 공식적으로 소매치기를 당한 여행자가 되었고, 아주 오래도록 그 경험을 추억 속에서 으려먹을 것이기 때문이다. 자책골을 넣어 패배한 기분이지만 기억에 남는 것들이 있어 그걸로 됐다. 나는 비록 실패했지만… 메시가 승리했으니 그걸로 됐다.

+

여행에서 돌아오고 2년 뒤 메시는 바르셀로나를 떠나 다른 나라로 이적했다. 나는 더 이상 바르셀로나에서 메시를 볼 수 없게 됐다.

딱 하루만큼의 관계

취미가 무엇이냐는 질문을 받으면 난감해진다. 책 모으는 걸 좋아하지만 읽지는 않고, 수영과 유도를 배웠지만 꾸준하지 않았으며, 음악 감상을 말하기엔 한 노래만 반복해 듣는 탓이다. 베이킹이나 꽃꽂이처럼 생산적이고 역동적인 취미를 갖는다면 좋겠지만 아무리 생각해도 파리바게뜨 피자빵보다 나은 빵을 만들 자신은 없다. 요즘 나는 퇴근 후에 마라샹궈(매운맛 5단계)에 혼술을 하며 밀린 예능(댄스 경연)을 본다. TV 속 참가자가 울면 나도 따라서 운다. 예능 보며 우는 아저씨만큼 꼴 보기 싫은 것도 없다고 생각하지만 흐르는 눈물을 막을 수는 없다. 아무래도 호르몬의 문제 같다.

한때는 여행이 거의 유일한 취미였다. 프로젝트 마감 후 떠나는 여행, 일을 그만두고 오랫동안 집을 비우는 여행, 사랑하는 이와 함께 떠나는 여행, 그와의 이별을 준비하는 여행. 한 시절을 갈무리하는 순간마다 여행이 있었다. 떠나기 위해 머무는 사람처럼 살았다. 얼마 전에도 친구들을 만난 자리에서 여행 이야기가 나왔다. 시간과 돈이 충분하다면 제일 먼저 어디를 가고 싶은지, 무엇을 하고 싶은지 떠들었다. 발리에서 풀만 먹으며 요가를 하겠다는 친구, 런던에서 유학 중인 애인이 바람을 피우는지 확인하고 오겠다는 친구, 뉴욕 플라자호텔에 묵으며 어메니티를 잔뜩 훔쳐 오겠다는 친구들 사이에서 나는 한참을 머뭇거렸다. "얘는 뻔해. 염소랑 노인밖에 없는 파키스탄 어느 촌구석에 처박혀서 물담배나 피우며 지낼걸?" 친구 중 하나가 아는 체하며 떠들어댔다. 나는 대답 대신 맥주를 벌컥벌컥 들이켰다. '참 내, 제까짓 게 뭘 안다고.'

가진 게 시간뿐이던 이십 대에는 세상으로부터 격리되는 걸 즐겼다. 인적 없는 동굴을 찾아 스스로 걸어 들어갔다. 그때 그 시절을 풍경화로 그려본다면 흙먼지 날리는 무채색의 바위산일 것이다. 무언가를 책임지는 것이 두려워 여기저기 숨어 지내던 날들. 고독하고 싶어서 안달나던 시절이었다. 하지만 지금의 나는 혼자 있는 시간이 무섭고 자주 뼈가 시려서 외롭다. '빛이 나는 솔로'이던 스무 살의 나와, 젊은 척, 힙한 척 발악할수록 '저 늙은이는 뭐임?' 하고 손가락질받는 삼십 대의 나는 엄연히 다른 사람이다. 그 간극을 깨달을 때마다 마음 한구석에 차가운 바람이 분다. 그 지극한 외로움 때문에라도 염소와 노인뿐이라는 파키스탄의 시골 마을 여행은 다음 생으로 미루기로 한다.

내 주위의 누군가는 한 점의 그림을 보기 위해 기꺼이 북유럽 항공권을 끊었고, 또 다른 누군가는 EDM이 좋다는 이유로 이비사Ibiza행 크루즈에 올랐다. 라멘 투어를 하겠다고 당일치기로 일본에 다녀온 친구도 있다. 나 역시 여행지에서 만나는 훌륭한 음식과 영감의 순간, 위대한 건축물을 흠모한다. 하지만 내가 무엇보다 여행에서 가장 좋아하는 순간은 낯선 이를 만날 때다. 나이도 출신도 모르는 생면부지의 타인을 만나 특별하지 않은 무언가를 함께할 때, 별것 아닌 것 같았던 여행이 몇 겹은 더 풍성해지는 느낌이다. 위대한 만리장성을 혼자 걸었을 때보다 여행지에서 새로 사귄 친구와 함께 걸은 돌담길이 아련하고, 웅장한 경기장에서 혼자 관람한 축구 결승전보다 작은 펍에서 훌리건들과 함께 소란을 피우던 순간이 더 그리운 것이다.

나이가 들수록 새 친구를 사귈 길이 요원해졌다. 오래 알았던 친구들은 결혼이라는 돌아오기 힘든 강을 건넜다. 마침 다니는 직장도 재택근무로 전환하면서 함께 프로젝트를 진행하는 동료들조차 메신저 이모지로만 감정을 주고받게 됐다. 매일 같은 풍경 속에서 (혼자) 눈을 뜨고, 매일 같은 자리에서 (혼자) 밥을 먹고, 매일 같은 자리에서 (혼자) 용변을 보는 일상이 이어졌다. 알람을 맞추지 않았다면 어제와 오늘을 구분할 수조차 없는 식상한 하루. 하나의 생물이 도태되는 과정을 관찰하고 싶다면 훌륭한 표본이 될 만한 삶이었다. 서둘러 곰에서 빠져나간 여행을 채워야 했다. 정확하게는 일상에서 새로운 얼굴을 만나야 했다.

그 처음은 출판사에서 주최하는 시 창작 모임이었다. 젊은 시인 선생님의 주도 하에 각자 써온 시를 읽으며 의견을 주고받는 프로그램이었다. 기대한 것만큼 차분하고 나풀나풀한 분위기였다. 그러던 가운데 중년의 참석자가 자신의 인생을 김장 김치에 비유하며 울음을 터뜨렸고, 최루탄이 터진 것마냥 여기저기서 흐느끼는 소리가 들리기 시작했다. 혼자 있을 때는 <쇼미더머니>를 보면서도 울어버리는 나지만 공개된 공간에서 모두 함께 우는 울음은 견디기 힘들었다. 대중목욕탕에서 존경하던 은사님의 나체를 마주친 기분이랄까. 김장 김치라는 비유에 울음이 나지 않던 나는 어찌할 바를 몰라 발만 동동 굴렀다. 그날 이후, 역시 시는 혼자 읽는 게 낫겠다는 결론을 내렸다.

두 번째로 찾은 일상 여행은 조기 축구였다. 동네마다 아마추어 축구 리그가 활성화되어 있다는 걸 알게 됐고, 집 근처 초등학교 운동장을 홈그라운드로 쓰는 축구팀을 찾았다. "편하게 주말 아침 6시까지 와서 운동하면 됩니다." '편하게 아침 6시'라는 말이 몹시도 불편했지만 일주일에 하루쯤이야, 하는 마음으로 그러겠다고 대답했다. 늘 그렇듯 모든 취미의 시작은 쇼핑이다. 설레는 마음으로 장비를 구입했다. 무릎까지 올라오는 스포츠 양말과 정강이 보호대를 사고 프랑스 대표팀 선수가 신었다는 핑크색 나이키 축구화를 새로 맞췄다.

드디어 주말 새벽, 운동장은 한산했다. 어슬렁어슬렁 사람들이 모이기 시작했다. 간단한 소개를 마친 뒤 감독님의 주도로 준비 운동을 진행했다. 적게는 이십 대 대학생부터 많게는 칠십 대 할아버지까지, 반세기를 아우르는 사람들 사이에서 나는 막내 그룹에 속했다. 두 시간을 쉴 새 없이 뛰었다. 공을 차고 상대의 정강이를 차고 전력 질주하고 나뒹굴고 쥐가 나고 절뚝거리기를 반복했다.

운동이 끝나고 땀 범벅이 된 티셔츠를 갈아입으며 음료수를 나눠 마셨다. 한바탕 전쟁을 치른 후에야 몇몇이 내게 관심을 보이기 시작했다. 경기 중에 유난히 말이 많고 찰진 욕을 구사하던 아저씨였다. "그래, 결혼은 했고?" 아, 이 익숙하고 불길한 패턴. 아니라고 대답하자 "그럼 다녀온 건가?" 하고 물어왔다. 그것도 아니라고 대답하자 "요즘 젊은 이들은 결혼을 안 해서 큰일이야!"라는 깊은 태클이 들어왔다. 그다음은 물 흐르듯 자연스러운 전개. "저 청년이 결혼을 못 하는 건 이 정부가 잘못하고 있다는 명백한 증거다. 그러므로 반드시 정권 교체가 필요하다!" 대꾸할 힘이 1그램도 남아 있지 않아 슬며시 입을 다물었다. 자신이 원하는 대답이 돌아오지 않자 아저씨의 타깃은 축구화를 갈아 신던 대학생에게 옮겨갔다. "최 군아, 연애 오래 할 필요도 없어. 살아보면 다 거기서 거기다." 대학생 최 군은 자주 겪는 일인 듯 무심히 자리에서 일어나며 중얼거렸다. "꼰대…." 그렇게 조기 축구도 적응 실패였다.

나는 이 두 번의 모임 실패 원인을 알고 있었다. 시 쓰기나 축구, 그 콘텐츠보다는 새로운 만남에 더 관심이 있던 거다. 그리고 사람들 각자가 기대하는 관계의 깊이가 조금씩 다르다는 사실이 버거웠다. 일면식도 없는 타인의 눈물을 견디고, 친근함을 가장한 무례를 감당하기에는 내 그릇이 작았다.

이제껏 여행지에서 처음 만났던 사람들은 다 어디로 갔을까. 여행이 끝난 다음에는 어디에서 무얼 하는지 연락도 잘 하지 않는다. 잘 알지도 못하면서, 그저 행복했던 순간을 추억하며 희미하게 웃을 뿐이다. 서로를 깊게 알려고 하지 않는 것. 우리에겐 오늘 만나도 내일 떠날 수 있는 자유가 있어, 당신과는 딱 하루 정도의 관심만 주고받겠다고 합의하는 관계. 내게는 그런 신선한 자극이 필요했다. 그래서 다시 취미가 무어냐는 질문을 받으면 나는 조금 더듬거리며 "여행…, 아니 가벼운 관계려나?" 하고 대답할 것 같다. 사실은 그보다 더 많은 설명이 필요하다는 걸 알지만 그건 내가 할 수 없는 일이다. 관심받고 싶은 마음과 관심에서 멀어지고 싶은 마음, 그 미묘한 구분을 온전히 설명할 방법이 아직 내게는 없다.

말로와 나, 호도협 가는 길

'말로(가수 말로의 광팬이다)'와 나는 아주 오랜 친구다. 우리는 인천에서 배를 타고 중국 다롄에 도착했고 한 달의 여정 끝에 중국의 남서쪽 끝 리장이라는 도시에 닿았다. 베트남 국경을 넘기 전 중국에서 보내는 마지막 날에 말로는 말했다. "우리의 여행은 왜 항상 이렇게 시시할까?" 이건 아무 일도 벌어지지 않는 시시한 여행, 그래서 더 그리운 어떤 이상한 시절에 관한 이야기다.

*

터미널에서 기사는 '고성'으로 가자는 말을 단번에 알아들었다. 흥정하고 택시에 올라탔다. 낡은 승합차를 개조한 사설 택시였다. 택시는 시내를 벗어나 황량한 시골길을 달렸다. 그러더니 어느 크고 웅장한 건물 앞에서 차를 세웠다. 그는 창밖을 가리키며 "고성."이라고 말했다. 그러나 그곳은 고성이 아니었다. "저 건물은 기차역이잖아. 왜 우리가 여기에 온 거야?" 내가 다그치자 기사는 영어를 알아듣지 못한다는 듯 고개를 저었다. 나는 삐뚤빼

뚤 쓴 한자를 보여주며 다시 "고성."이라고 말했다. 그는 글자를 모르는 사람처럼 머리를 긁적이며 한참 동안 종이를 바라봤다. 하릴없는 대치가 이어졌다. 후에 알고 보니 고성을 발음하는 '구청'과 기차를 발음하는 '후어처'를 혼동한 탓이었다. 기사는 다시 터미널로 돌아가자는 요구에도 대답하지 않더니 결국 기차역 광장에 우리를 버려둔 채 도망치듯 차를 출발시켰다.

우리는 광장 구석 벤치에 앉았다. 해가 지기 전에는 고성에 도착해야 했지만 어쩐 일인지 꼼짝도 할 수 없었다. 중국의 동쪽 끝 다롄에서 리장까지 4,000킬로미터를 횡단하느라 몸도 마음도 지친 상태였다. "너가 잘 하는 맹구 흉내 좀 다시 해 봐." 말로는 얼굴을 우스꽝스럽게 만들면서 "선생님~" 하고 말했는데 생각만큼 웃기진 않았다. 내가 시큰둥한 반응을 보이자 말로는 "개쓰레기."라고 중얼거렸다. 그러더니 말로는 갑자기 정색하며 기차역 방향을 가리켰다. 고래보다 커다란 기차역의 문이 열리며 이제 막 도시에 도착한 사람들이 광장으로 쏟아져 나왔다. "망했어." 우리는 거의 동시에 그렇게 외치며 몰려나오는 인파 속에 파묻혔다.

*

 '옥룡설산'에 대해 이야기하며 말로와 나는 히말라야를 생각했다. 고대 사람들은 그곳을 '눈의 거처'라고 불렀다. 하얀 다락방. 만년설에 갇힌 사람들은 영원히 썩지 않을까? "설산이 보이는 협곡으로 갈 거야. 우리가 중국에서 경험하는 가장 위대한 일이 될 거야." 나는 바로 그 설산이 히말라야가 끝나는 지점에 있다는 말을 덧붙였다. "중국에 히말라야가 있다고? 확실해?" 의심스럽다는 듯 말로가 물었고, 나는 못 들은 척 운동화 끈을 묶었다.

 말로와 나는 '호도협'이라고 불리는 협곡으로 떠나기 전 마지막 밤에 고성 구석구석을 산책했다. 거리는 이미 각지에서 몰려든 구경꾼들로 만원이었다. 우리는 꼬치를 하나씩 입에 물고 홍등으로 물든 돌바닥을 걸었다. 한국인 커플의 뒤를 밟았고 그들이 들어간 식당 밖에서 한동안 서성였다. 외로웠기 때문이다. 우리는 맥주를 사 들고 별 모양의 모빌이 걸린 거리에 앉았다. 건달처럼 담배를 피웠고, 카페에서 흘러나오는 음악을 큰 소리로 따라 불렀다. 미야자키 하야오 영화에서 이곳은 유령들의 아름다운 고성이며 동시에 쇠망한 테마파크의 잔해였다. 이곳은 몸이 투명해지는 마을이었다.

 맥주를 마시고 기분이 좋아진 말로가 지나간 여정에

대해 떠들기 시작했다. 인천에서 배를 타고 다롄으로 향하던 밤바다의 적막함부터, 중국을 횡단하며 만났던 다정한 사람들의 이름을 하나하나 되새겼다. "그러고 보면 우리는 참 운이 좋았던 것 같아. 큰 사고 없이 여기까지 오게 됐잖아." 말로는 아련한 표정을 지어 보였는데, 아마도 그는 바로 전 도시에서 지갑을 잃어버려 한국에 돌아가겠다며 울부짖은 기억을 깨끗하게 지운 모양이었다. 우리는 계속해서 술을 마셨다. 술에 취해 여행이 끝나고 난 뒤 서로의 행방, 아무것도 결정되지 않은 불투명한 미래, 그러니까 아직 오지 않은 절망에 관해 이야기했다. 닥치지 않은 미래를 고민하는 것. 그건 여행자가 해서는 안 되는 실수 중 하나였다. 나는 더 이상 아무 말도 하고 싶지 않았고, 그건 말로 역시 비슷해 보였다. 설산을 보면 모든 게 나아질까? 대답을 알 만한 누구라도 붙잡고 물어보고 싶은 마음이었다.

방으로 돌아가는 길에 게스트 하우스의 주인 마마는 게스트를 위한 바비큐 파티에 참석하라고 말했다. "오늘은 힘들 것 같아. 아침 일찍 협곡으로 떠나야 하거든." 우리는 서둘러 방으로 올라가 문을 걸어 잠갔다. 문 닫힌 커튼 너머로 냉기가 흘러나왔다. 침낭을 머리끝까지 덮었지만, 순식간에 퍼지는 쓸쓸한 감정을 멈출 수 없었다. 화가

난 건 아니었지만 우리는 여전히 말하지 않았다. 설산이 보이는 협곡에 대해서만 생각하자. 그런 다짐을 하며, 아름답지만 낯설지 않은 것들에 대해서는 더 이상 이야기하지 않기로 했다.

아침이 오자 분주해졌다. 호도협으로 직행하는 여행자 버스 시간이 아슬아슬했기 때문이었다. "도대체 알람이 울리긴 한 거야?" 시장에서 산 싸구려 전자시계를 믿은 게 잘못이었다. 그보다 새벽 시간에 배정된 버스를 탄다는 것 자체가 게으른 여행자 듀오에겐 커다란 도전이었다. 우리는 대충 짐을 챙겨 버스정류장으로 달리기 시작했다. 그러다 문득 숙소에 카메라를 놓고 왔다는 사실을 깨달았다. 한참을 앞서 달리던 말로가 오도 가도 못하는 나를 보며 뭐라 뭐라 소리쳤다. 굉장히 심한 욕 같았다. "먼저 가. 나는 틀린 거 같아." 말로는 이를 악문 다음 아주 천천히 눈을 감았다 떴다. 인내심이라는 단어를 표현하기에 그보다 더 적합한 표정은 없어 보였다. "버스는 포기해. 나도 화장실이 가고 싶어졌어." 말로는 그렇게 말하며 앞장서서 숙소를 향해 걷기 시작했다. 이제 와 하는 이야기지만 말로는 정말 좋은 친구다.

숙소에 도착한 우리는 여유롭게 아침을 주문했다. 검게 그을린 빵과 잼, 멀건 죽이 동시에 나오는 이상한 식사였다. 식사를 마치고 텅 빈 식당을 돌아보는데, 부스스한 머리로 나타난 마마가 나를 보더니 어째서 떠나지 않았느냐고 물었다. 나는 방금 말로가 들어간 화장실을 가리키며 친구가 배앓이를 해서 어쩔 수 없이 차를 놓쳤다고 말했다. 비겁하지만 현명한 대답이었다. "마마, 이대로 호도협은 포기해야 하는 걸까?" "너희가 잘 모르나 본데, 터미널에 가면 중국인 여행자가 이용하는 로컬버스가 있어." 그때 말로가 화장실에서 나왔고, 마마는 안쓰러운 표정을 지어 보였다. "터미널에 가면 티켓이 있을 거라는데?" 내가 말하자, 말로는 이미 예상했다는 듯 어깨를 으쓱하며 대답했다. "콜."

왜 그렇게 아침부터 소란을 떨었던 걸까. 터미널에는 호도협 입구를 지나는 로컬버스가 매시간 있었다. 여행자 버스보다 비좁고 딱딱한 의자였지만 훨씬 저렴해서 나이스였다. 버스는 황량한 비포장도로를 달려 호도협 입구에 섰다. "준비됐지? 여기가 세계에서 손꼽히는 트레킹 코스야!" 나는 기합을 세게 넣으며 호기로운 발걸음을 옮겼다. 그런데 파이팅이 무색할 정도로 무난한 코스가 이어졌다. 나름의 경사가 있지만 순조로웠다. 어느 정도 길을 따라 오르자 발밑에는 누런 '금사강'이 굽이굽이 흘러 심심하고도 멋진 풍경을 연출했다. 게다가 강 건너에는 옥

롱설산이 묵직하게 자리 잡은 채 비현실적인 위엄을 뽐내는 중이었다. "그러니까 우리가 저기 옥룡 머시껭이를 오르는 게 아니라 그저 곁에 두고 걷는다는 말이지?" 말로가 물었고, 나는 "당연하지. 저기는 일반 사람은 못 올라. 저기는 엄홍길 선생 같은 베테랑이나 가는 곳이라고!"라며 둘러댔다. 하지만 그건 사실이 아니었다. 그곳 역시 트레킹 코스가 있었지만, 확실하지 않은 일에 대해서는 그저 둘러대는 것이 최선이었다.

 출발한 지 오랜 시간이 지나지 않아서 우리는 첫 번째 숙소에 닿았다. '나시객잔'이라는 이름의 작은 숙소에는 먼저 도착한 여행자들이 둘러앉아 밥을 먹고 있었다. 그곳은 무지개가 예쁜 곳이었다. "그런데 우리 아직 더 걸을 수 있지 않아? 아직 해가 지지도 않았잖아." 말로가 말했다. 뭘 모르는 소리였다. '28밴드'라고 불리는 지옥의 고개를 넘기 위해서는 체력 보충이 필요했다. 더구나 그대로 출발했다가는 금세 해가 지고 길을 잃을 게 분명했다. 우리는 토마토 달걀 볶음밥을 함께 나눠 먹고 맥주를 하나씩 시켰다. 그런 다음 설산이 천천히 저물어가는 걸 구경했다. "설산도 밤이 되면 어둠 속에 묻히는구나." 창턱에 턱을 괴며 말로가 말했다. 어떻게 하면 그런 느끼한 말을 잘할 수 있는지 묻고 싶었지만 그러지 않았다. 조금 떨띨하지만 의외로 괜찮은 점이 많은 친구니까 말이다. "어서 자자. 내일부터가 진짜야." 나는 전자시계를 풀어 머리맡에 놓았다. 그러면서 이번에는 꼭 성공적으로 일어나자며 서로를 격려했다. 하지만 다음 날이 되면 또다시 한바탕 소란이 벌어질 걸 우리는 이미 알고 있었다.

말로와 나, 신짜오 사탕수수!

말로와 여행한 지 한 달째, 우리는 중국에서 국경을 넘어 베트남에 도착했다. 단지 다리 하나를 건넜을 뿐인데 많은 것이 달라졌다. 돈을 세는 방법이나 글자를 발음하는 법, 사람들의 생김새 같은 것들. 말르는 걸어서 국경을 넘는 건 처음이라며 조금 긴장된 표정을 지었다. "베트남은 사회주의 국가여서 인사를 제대로 안 하면 입국이 안 될 수도 있대." 그렇게 말하면서 나는 말로에게 베트남 인사말을 알려주었다. 마침내 자신의 순서가 됐을 때 말로는 환하게 웃으며 국경 관리에게 이렇게 인사했다. "Nước ép mía mắc quá!(사탕수수 주스, 너무 비싸요!)"

*

수상한 구름이 하늘을 덮었다. 머지않아 비가 내렸다. TV에선 속보로 태풍을 알렸다. 도로는 침수되고 도시의 작은 짐승들은 조금 더 어두운 곳을 찾아서 바닥을 기어다녔다. 나름 호텔이라고 이름 붙은 우리의 숙소에도 여지없이 전기가 끊겼다. 헐거운 창틈으로는 비가 샜다.

프런트 직원에게 항의했지만 그들 역시 힘겹기는 매한가지였다. "어차피 오늘 별 계획도 없었잖아." 말로가 말했다. 그는 대수롭지 않다는 듯 방으로 올라갔고, 나는 한국에 있는 친구에게 전화를 걸기 위해 로비에 남았다. 그리고 겨우 연결된 친구와 여긴 며칠째 비가 그치질 않는다는 얘기만 하다가 서둘러 전화를 끊었다. "나 없는 한국은 아직 안 망했어?" 그런 시답잖은 농담이나 하려고 했는데 막상 전화가 연결되자 쉴 새 없이 올라가는 요금 때문에 머리가 하얘졌기 때문이다. 나는 거의 하루 숙박비에 달하는 요금을 지불하면서 "젠장 드럽게 비싸네."라고 한국말로 말해버렸다. 어리둥절한 표정을 짓는 프런트 직원의 뒤편으로는 여전히 가늠하기 힘들 정도로 많은 비가 내렸다.

말로는 침대에 누워 식빵을 뜯어 먹고 있었다. 빵 부스러기가 잔뜩 떨어진 침대 위로 이리저리 몸을 굴려대며 뭐가 좋은지 콧노래까지 흥얼거렸다. "넌 뭐가 그렇게 신났어?" 말로는 내 말을 들은 체 만 체하며 손가락에 묻은 땅콩잼을 빨아 먹었다. 그러더니 갑자기 자리에서 일어나 배낭을 뒤지기 시작했다. 그는 나에게 퍼즐 책 하나를 던지고는 다시 침대로 뛰어들었다. "붙어." 펜을 꺼내며 말로가 말했다. "저녁 내기야. 내가 이기면 분짜 다섯 그릇 먹을 거야." 누가 먼저랄 것도 없이 우리는 네모 칸에 숫자를 채워 넣기 시작했다. 훼방을 놓으려 큰 소리로 서로의 별명을 부르기도 했다. 그렇게 한참을 퍼즐과 씨름한 뒤에는 반쯤 탈진한 상태로 각자 침대에 벌러덩 드러누웠다. 그런 다음 지금 가장 떠오르는 것을 말했다. 나는 평양냉면을 말했고 말로는 망고주스라고 대답했다. 내가 얼룩말을 말하자 말로는 미어캣을 말했다. 나의 검은색 양말과 말로의 파우치, 주성치와 레오나르도 디카프리오, 뭐 그런 것들.

"비가 언제 그칠까?" 말로가 몽롱한 목소리로 말했다. 창밖은 여전했다. 비는 도무지 그칠 것 같지 않았고, 어쩌면 우리는 여행 중 최악의 날을 보내고 있는지도 몰랐다. '꼼짝없이 또 하루를 허무하게 보내겠구나.' 그런 생각을 하는데 문득 방문을 두드리는 소리가 들려왔다. 위협적인 신호 뒤에 이어지는 낯선 언어. 건너편 사내는 속사포 같은 베트남어를 쏟아냈다. 나는 숨을 죽이며 소란이 멈추기를 기다렸다. 몇 초가 지났을까, 문 너머의 인기척이 사라진 후에야 천천히 일어나 방문을 열었다. 싸구려 카펫이 깔린 불 꺼진 복도에는 아무도 없었다. 대신 하얗고 두꺼운 수건 두 장이 바닥에 가지런히 놓여 있었고, 수건 사이에는 가느다란 양초 세 개도 함께 들어 있었다. 직원이 놔

두고 간 양초를 보며 우리의 여행을 다시 생각하게 됐다. 비가 내리기 시작하면 창문을 걸어 잠그고 문틈을 테이프로 막아두는 일, 수건과 양초를 준비하는 것이 일상인 삶. 바로 이곳이 우리가 머무는 세상이었다. 나는 구식 자물쇠를 돌려 문을 잠갔다. 그 순간 창밖으로 벼락이 떨어졌고, 나는 문득 말로를 향해 고개를 돌렸다. 다행히도 말로는 반쯤 씹다 만 식빵을 입에 문 채 세상 가장 편한 얼굴로 잠들어 있었다.

*

여전히 도시의 많은 이들이 왕의 무덤으로 밥을 벌었다. 결과적으로 이 땅의 왕들은 죽어서도 통치를 멈추지 않은 셈이었다. 우리는 후에Hue라는 오래된 도시 곳곳에 숨겨진 무덤을 찾기 위해 오토바이를 빌렸다. "설마 오늘도 비가 오는 건 아니겠지?" 그러자 말없이 바나나를 씹던 말로가 검지에 침을 묻히더니 공기를 느끼는 시늉을 했다. 무슨 주문 같은 걸 외웠던가? 잘은 모르겠지만 그는 확신에 찬 말투로 "확률은 반반."이라고 대답했다. 바보 같은 소리였다. 우리에겐 스마트폰이 없었으므로 오래된 가이드북에서 찢은 지도를 보면서 길을 달렸고, 결정적인 순간에는 틀린 길 위에서 좌절하기를 반복했다. "세상은 언제나 책보다 빠르고 그게 바로 지금 당장 책을 불태워야 하는 이유야!" 말로는 투덜대면서도 오토바이 뒷자리에서 앉아 꾸역꾸역 무덤의 경로를 일러줬다. 능력은 부족하지만 성실한 조수였다. "한두 개라도 제대로 구경한다면 다행이야. 너무 기대는 하지 말자." 처음의 계획이 틀어져도 만족하자는 마음가짐, 우리는 늘 그런 식이었다.

베트남의 마지막 왕조였던 응우옌 왕조의 황제들이 묻혔다는 무덤은 크고 화려할수록 은밀한 이야기를 더 많이 품고 있었다. 왕은 보물의 위치를 숨기기 위해 무덤을 만든 인부들을 참수했고, 미리 완성된 자신의 무덤을 거닐며 시를 썼다. 살아 있는 사람이 자신의 무덤에 살며 또 다른 살아 있는 것을 노래한다는 게 얼마나 아이러니한 일인지, 생각할수록 낯선 기분이 들었다. "지금 무덤 안쪽을 걷는 건 우리들뿐이고, 사실 왕들은 이미 오래전에 무덤 밖으로 떠나버렸을 거야. 유령의 집을 걷는 기분이야." 나의 감상에 말로는 무언가를 곰곰이 생각하더니 천천히 고개를 끄덕였다. 우리는 계획한 무덤을 모두 둘러본 다음 왔던 길을 거슬러 숙소로 돌아갔다. 중간에 기름이 떨어져 오토바이가 멈추기는 했지만, 길거리 과일 상인의 도움으로 위기를 넘길 수 있었다. 나는 저녁을 먹으며 오늘의 여행, 그러니까 무덤가의 음산한 기운에 대해,

힘없는 사람들의 죽음에 대해, 살아 있는 사람과 이 땅을 지배하는 유령에 대해 쉴 새 없이 떠들었다. 말없이 듣고만 있던 말로는 젓가락을 세게 내려놓으며 미간을 구겼다. "왜 너는 늘 무언가를 보면서 의미를 찾으려 드는 거야? 우리 그냥 맥주나 마시면 안 될까?" 그렇게 말하며 얼음 잔에 든 맥주를 벌컥벌컥 마셨다. 그런 다음 내 얼굴을 향해 길게 트림했다. 나는 그런 말로의 모습을 보면서 조금 당황했지만, 기분이 나쁘기보단 머리가 맑아진 기분이었다. 어쩐지 배가 고파졌고, 나는 불어버린 쌀국수를 허겁지겁 먹기 시작했다.

*

"수영장이 있는 숙소에 머물게 된다면 하루 종일 수영복만 입은 채로 생활할 거야. 맥주도 수영장에서 마시고 쌀국수도 물속에서 먹을 거야. 선베드에 엎드려서 책을 읽다가 깜빡 잠들면 온몸이 까맣게 타겠지? 피부가 다 벗겨지는 순간이 바로 행복의 신호라고 생각할래." 무이네Muine로 떠나기 전에 우리는 수영장 딸린 숙소에 대해 자주 이야기했다. 그러면서 결론은 언제나 "그렇지만 힘들겠지?"로 마무리되곤 했다. 그럴싸한 수영장이 있는 숙소는 우리의 예산으로 불가능하기 때문이었다. "한 번 정도는 괜찮지 않을까? 이대로 한국으로 돌아간다면 분명 후회할 거야. 대신 하루에 한 끼씩 덜 먹어서 돈을 아껴보자." 그런 합리화 과정을 거치며 우리는 결국 일주일 동안의 사치에 합의했다.

더운 나라에 있다 보면 언제나 물이 그립기 마련인데, 침대에서 몇 발짝만 걸어가면 몸을 담글 수 있는 수영장이 있다는 건 축복이나 다름없었다. 말르와 나는 하루의 거의 모든 시간을 물속에서 보냈다. 그러다 마음이 내키면 바다로 내려가 몸을 담갔다. 잠을 자려고 침대에 누웠다가도 비가 내리는 소리가 들리면 냉큼 옷을 벗고 수영장으로 달려갔다. 머리에 비를 맞으며 물속에 잠기는 것이 얼마나 행복한 일인지, 그 후로 오랜 시간 동안 여행에서 만나는 사람들에게 그날의 경험을 첫 번째로 자랑할 정도였다.

우리는 오토바이를 빌려 무이네 주변을 여행했다. 무이네는 도로가 단순해서 지도가 엉망이어도 길을 잃을 염려가 없었다. 이른 아침, 생선을 손질하는 피싱 빌리지 아주머니들 사이에서 얼쩡거리다가 방해가 된다며 한 소리를 듣기도 하고, 도로 한가운데서 장대비를 만나 신발이 다 젖기도 했다. 위기가 닥칠 때마다 정신 나간 사람처럼 큰소리로 노래를 불렀다. 우리는 모래언덕에 가는 것도 잊지 않았다. '화이트 샌드'와 '레드 샌드'라는 이름이 붙은 그곳은 발바닥이 불타는 곳이었다. 널빤지 썰매를 권유하는 아이들은 우리가 반응을 보이지 않자 금세 다른 여행자들에게 관심을 돌렸다. 그런데 유독 우리 곁을 떠나지 않는 한 아이가 있었다. "미안한데 우리는 썰매를 탈 생각이 없어. 너에게 도움을 줄 수 없을 것 같아." 아이는 상관없다는 식으로 고개를 저었다.

　말로와 나는 사막을 처음 본 사람처럼 놀았다. 무릎 관절에서 뚝 소리가 날 정도로 점프도 하고 텀블링에 실패해 모래에 머리를 박기도 했다. 사진으로 제대로 표현이 안 됐다며 몇 번이고 같은 동작을 반복했다. 그 모습이 재미있었는지 우리 곁을 따라다니던 아이가 내 손목을 붙잡으며 자신도 함께 사진을 찍으면 안 되겠냐고 말했다. "안 될 건 없지. 대신 네 이름을 알려줘." 두꺼운 후드티를 덮어쓴 아이의 이름은 '흐엉'이었다. 우리는 흐엉을 놀이에 동참시켰다. 흐엉은 쭈뼛쭈뼛하면서도 간간이 미소를 지어 보였다. "흐엉아 내일 또 만나자!" 저녁이 되어 말로와 나는 흐엉과 작별하고 숙소로 돌아왔다. 침대에 누워 사진을 정리하는데 뭔가 이상했다. 사진 속 흐엉이 단 한 번도 품에 안은 널빤지를 내려놓은 적이 없던 것이다. "어쩐지 불안한 모습이었어." 시무룩한 목소리로 말로가 말했다. 함께 즐거웠다고 생각했지만 실은 자신에게 일을 시킨 어른들의 눈치를 보고 있던 걸까? "내일 다시 흐엉을 만나러 가는 게 어때? 그때는 꼭 널빤지 썰매를 타자." 좋은 생각이었다. 친구가 생긴다는 건 언제나 즐거운 일이니까. 하지만 다음 날 모래언덕에 갔을 때 흐엉은 없었다. 아무리 찾아도 보이지 않았다. 사람들에게 흐엉의 이름을 물어도 모른다는 대답만 돌아왔다. "우리가 너무 늦은 걸까?" 그렇게 말하며 주위를 둘러보는데 그늘도 없는 모래언덕에는 수많은 아이가 있었고, 모두가 널빤지를 가슴에 끌어안은 채 우리를 바라보고 있었다. 그 아이들이 모두 흐엉과 닮았다는 생각은 단지 내 착각이었을까. 나는 아직도 잘 모르겠다.

*

몸에서 떠나간 여행에 대해 무엇을 이야기할 수 있을까. 가루비누를 녹여 신발을 빨았고, 골목이 한눈에 내려다보이는 싸구려 호텔 창가에서 담배를 피웠으며, 국수를 먹기 위해 매일 여섯 층의 계단을 오르내렸다는 것. 친구가 되지 못한 어떤 이와 작별했으며, 오토바이 행렬을 피해 겨우 도로를 건넌 이야기. 어쩌면 하루 종일 비가 내리는 풍경에 관해서만 이야기할 수도 있겠다.

한 달간 베트남을 여행하며 재미있는 친구를 사귀고

멋진 풍경들에 감탄했다. 그런데 아직까지 가장 선명하게 기억에 남아 있는 건 전혀 특별할 것 없는 일상의 작은 순간들이었다. 이름도 모르는 시골 마을에서 하루를 지내던 날, 여느 때와 마찬가지로 내내 비가 내렸고 우리는 나무 의자에 앉아 그 지루함을 견뎌야 했다. 홈통 속의 비가 마당에 구멍을 만드는 과정을 목격했고, 굳게 닫아둔 땅콩잼 유리병 속으로 개미들이 기어들어 가는 모습을 끝까지 지켜봤다. 아무 일도 일어나지 않았을 때 여행이 가장 선명해진다는 걸 그때 알았다. 가만한 일상을 발견할수록 모든 일에 의미를 부여하는 나의 예민한 기질이 부끄러워졌다. "뭘 그렇게 피곤하게 살아. 그냥 같이 맥주나 마시자고!" 말로와 나는 한 명이 심각한 고민에 빠질 때마다 그렇게 말하며 서로의 마음을 헐겁게 만들곤 했다. 돌이켜보니 균형을 지키는 일과 말랑말랑한 마음을 갖는 일 모두 '우리'여서 가능한 일이었다.

말로와 나, 앙코르 캄보디아

말로와 나는 중국과 베트남을 거쳐 캄보디아에 도착했다. 우리는 조금만 걸어도 온몸이 축축해지는 계절 한가운데 있었다. 자전거 페달을 밟으며 진흙 위를 달렸고, 앙코르의 빈 유적을 느리게 걸었다. 젖은 몸이 마를 틈 없는 유령의 집. 돌 속에도 계절이 있다면 그곳은 언제나 여름일 것이다.

*

여행 3개월째, 말로와 나는 캄보디아의 수도 프놈펜Phnom Penh에 도착했다. 베트남 국경을 넘는 버스 예약과 출입국 도장을 받는 일은 로컬 여행사에 맡겼다. 오후가 훌쩍 지나서야 버스에서 내렸는데, 언제나 그렇듯 우리를 처음 반긴 건 호객꾼들이었다. 서로 자기네 에어컨이 더 강력하다고 주장하는 호텔 직원, 목적지를 말하지도 않았는데 비용을 먼저 제시하는 택시 기사, 다짜고짜 여행 상품을 들이미는 가이드까지, 영혼이 빠져나갈 지경이었다. 우리는 배가 고픈 것도 잊은 채 터미널 구석에 쭈그려 앉아 호객꾼들의 관심이 잦아들기를 기다렸다.

"이 나라 사람들은 불심이 아주 깊은가 봐." 낡아빠진 가이드북을 뒤지며 말로가 말했다. "그걸 어떻게 알아?" "이 도시 이름이 프놈펜이잖아? 그게 어떤 여자의 이름이래. 그런데 그 여자가 불상을 발견했다는데?" "대체 그게 무슨 말이지?" "나도 잘은 몰라. 그렇게 적혀 있어." 말로에게 가이드를 맡긴 뒤로 우리는 많은 시행착오를 겪었다. 그는 맛있는 식당이나 가성비 좋은 숙소를 찾는 일보다는 도시의 역사나 평균기온 따위에만 관심을 보였다. "공기의 흐름상 내일이면 보름달이 뜰 거야." 뜬금없는 그의 말에 '대체 그게 무슨 소용이지?' 생각하다가도 막상 보름달이 뜨면 함께 호들갑을 떠는 우리였다. 그런 점에서 말로는 완벽하지는 않아도 썩 괜찮은 여행 메이트였다. 최악의 선택만 골라서 하는 말로의 놀라운 능력 덕분에 도시에 도착한 지 사흘이 지나서야 겨우 마음에 드는 숙소를 찾을 수 있었다. 중국인 부부가 운영하는 저가 호텔이었는데, 무엇보다 에어컨을 마음껏 사용할 수 있다는 점이 좋았다. 닭살이 돋을 정도의 냉기는 아니었지만 가만히 있어도 땀이 흐르는 이 도시에서는 그것만으로 감지덕지했다. 프놈펜에서 우리의 여행은 이전과 크게 다르지 않았다. 주인 없는 개처럼 골목을 어슬렁거렸고, 해가

지기 시작하면 황톳빛 메콩강이 내려다보이는 광장에 앉아 땀을 식혔다. 무슨 이유에선지 현지 주민들의 사인 요청을 받기도 했다. 말로는 무슨 연예인이라도 된 양 우쭐하게 웃으며 사인을 했다. "무해한 이 도시의 사람들이 좋아." 머리 위의 나방을 쫓으며 말로가 말했다. 나도 같은 생각이었다. 가끔 뜬금없이 장대비가 쏟아져서 신발을 망치곤 했지만, 여행이라는 이름 아래 용서가 될 만한 경험이었다. 하루도 빠짐없이 골목을 걷고, 로컬 식당에서 이름 모를 음식을 주문하고, 맥주를 마시고, 밤이 되면 방으로 돌아와 에어컨을 향해 입을 벌렸다. 그런 바보 같고 시시한 일상이 우리의 여행이라는 사실에 안도감이 들었다.

*

프놈펜을 떠나 시엠립Seam Reap에 도착했다. 앙코르 유적지를 보기 위해서였다. 일주일 입장권을 끊어서 앙코르 유적지 전체를 여행했다. 평범한 여행자라면 툭툭(오토바이를 개조한 삼륜차) 기사를 고용하는 것이 일반적이지만, 가난한 여행자 듀오는 자전거 외엔 선택의 여지가 없었다. "일주일의 생활비를 입장권으로 다 써버렸어." "배가 심하게 고플 땐 어떻게 하지?" "물배를 채우자." 그런 식이었다. 일주일간 우리는 자전거 페달을 밟는 기계였다. 숙소에서 출발한 지 세 시간여 만에 도착한 고대 유적지는 물에 잠겨 더는 안으로 들어갈 수 없었다. 자전거 바퀴는 진흙이 엉겨 꼼짝도 하지 않았다. 관광객을 태운 툭툭이 흙탕물을 튀기며 지나갔다. 탈진 직전의 상태에서도 돌과 나무 사이에서 무수히 산란하는 태양은 그야말로 장관이었다. "미치겠다. 너무 힘들어." "나는 아까부터 미쳐 있었어." "얼음물도 다 떨어졌어." "그건 내가 마셨어." 우리는 돌무더기 위에 아무렇게나 누워 영혼이 빠져나간 사람처럼 낄낄거렸다. 우리는 웃는 것도 우는 것도 아닌 이상한 얼굴로 서로 못생겼다며 놀려댔다.

그대로 기절했던 걸까? 흠칫 잠에서 깨어났을 때 내가 제일 먼저 챙긴 건 아무렇게나 숙소에서 빌린 자전거였다. 그마저도 잃어버리면 우리는 국제 미아가 될 거였다. 하지만 기어가 고장 난 우리의 고물 자전거는 아무도 가져가지 않았다. 내 소란에 덩달아 잠에서 깨어난 말로 역시 잠에서 눈을 뜨자마자 자전거를 외쳤다. 우리는 서로를 쳐다보며 웃었다. 새까맣게 탄 얼굴에 멍청한 표정까지, 그는 정말이지 가관이었다. 그런 우리 앞으로 털이 누런 개 한 마리가 천천히 걸어왔다. 나와 말로는 거의 동시에 손을 뻗었고, 누렁이는 심드렁한 표정으로 너무 가깝지도 멀지도 않은 곳에 누운 다음 꼬리로 바닥을 '탁' 쳤다. 아무런 긴장도 없는 평온한 풍경. 물에 잠긴 유적지에 들어가지 못한다는 건 변함없는 일이었고, 숙소까지 다시 몇 시간 동안 페달을 밟아야 할 터였지만 당장은 아무것도 하고 싶지 않았다.

*

앙코르 유적에서 가장 기억에 남는 장소는 스라스랑 Srah Srang이었다. 고대의 왕이 사용했던 목욕장은 저녁이 되자 꼬마들의 놀이터가 됐다. 스라스랑 주변에 늘어선 허름한 오두막 몇 채가 아이들의 집인 듯했다. 멀찌감치 자전거를 세워두고 물가로 다가가자 한 아이가 쪼르르 달려왔다. 아이는 실 팔찌 뭉치를 내밀며 "원 돌라 One dollar!"라고 외쳤다. 내가 빈 주머니를 내보이자 아이는 혀를 내밀며 무리에게로 돌아갔다. "너는 수영을 못해? 왜 친구들하고 같이 안 놀아?" 일부러 아이 옆에 딱 붙어 앉아서 물었다. "넌 이름이 뭐야? 저기가 너네 집이야? 넌 수영을 못하지?" 그러나 아이는 가난한 여행자의 물음엔 대답할 생각이 없어 보였다. "애기들 좀 괴롭히지 마라!" 저쪽에서 사진을 찍던 말로가 소리쳤다. 내가 더는 말을 걸지 않자 '원 돌라 아이'가 나를 힐끔거리기 시작했다. 아이는 신기한 듯 내 턱수염을 만지더니 카메라를 가리키며 사진을

보여달라고 했다. 그 자리에서 몇 장의 사진을 찍어서 보여주자 아이는 이를 드러내며 환하게 웃었다. 앞니가 두 개나 빠진 완전한 개구쟁이. 아이는 뭐가 좋은지 흥분해서 엉덩이까지 흔들었다. 그러더니 두 팔을 허우적대며 헤엄치는 시늉을 했다. "수영할 줄 안다고? 그럼 보여줘봐. 바구니는 내가 맡아줄게." 아이는 둘러맸던 나무 상자를 내게 넘기고 조금의 망설임도 없이 물속으로 뛰어들었다. 물이 사방으로 튀었고, 아이를 삼킨 호수의 파흔이 멀리로 번져나갔다. 그러자 주변에 있던 아이들이 한꺼번에 호수로 뛰어들었다. 왕의 목욕탕은 이제 아이들의 놀이터가 됐다. 커다란 터에 물이 차올라 왕과 그의 친구들이 몸을 씻고, 나무가 물속에서 자라는 동안 천 년이 지났다. 천 년 전에 태어난 나무는 제 몸에 한가득 아이들을 매단 채 흔들리고 있었다. 유적지의 뜨거운 태양 아래서 상인 행세를 하던 아이는 이곳에서 나무의 열매로 다시 태어나는 중이었다. 천 년 전 호수와 천 년 후 아이는 그곳에서 어떤 대화를 나눴을까?

*

여행을 마치고 한참이 지난 후에야 사진들을 정리했다. 대부분 버리고 일부만 남겼는데, 파일에 찍힌 번호를 확인해 보니 캄보디아에서만 천 장이 넘는 사진을 찍은 모양이었다. 사진들을 가만히 들여다보면 내가 어느 장면에 유독 집착했는지 확인할 수 있었다. 타인의 뒷모습이었다. 여우비를 피해 그늘로 몸을 숨긴 소년과 소녀, 나뭇잎 차양 아래 코카콜라를 파는 여인, 벽화를 더듬으며 산책하는 꼬마 승려, 연인, 아이들. 여행 중에는 누군가의 등을 바라보는 일이 익숙했다. 내가 인사를 건네면 그들 역시 등으로만 대답했다. 따로 눈을 마주쳐 어색한 웃음을 지을 필요도 없고, 어설픈 발음으로 서로의 안부를 묻지도 않았다.

여행을 떠나기 전, 나는 배낭을 꾸리며 배낭 바깥의 것들이 아팠다. 미처 챙기지 못한 것들과 기어코 버려야 할 것들이 못내 아쉬웠다. 하지만 그 모든 걸 짊어지는 것은 불가능하다는 사실을 알고 있었다. 그래서 여행 내내 뒷모습을 바라보는 일에 더 집착했는지도 모르겠다. 사진 속에서 나는 백 명의 인연과 인사를 나눴고, 다시 백 명의 뒷모습과 작별했다. 어제를 정리하는 것은 한겨울 김 서린 창문을 닦아내는 일과도 비슷해서 지우면 지울수록 선명한 얼룩만 남는다. 그리고 나는 종종 그 얼룩을 울림으로 잘못 발음하기도 했다. 내게도 이렇게 가끔 꺼내어 그리워할 수 있는 얼룩들이 있어서 다행이다.

말로와 나, 헬로 엘리펀트

 말로와 나는 오래된 친구다. 아니, 사실 친구이기 전에 오래된 연인이었다. 우리는 헤어진 뒤 아주 긴 여행을 함께했다. 여행에서 만난 사람들은 대부분 우리를 이해하지 못했다. 어떻게 헤어진 연인이 여행을 함께할 수 있느냐며, 우리가 억지웃음을 짓고 있다고 했다. "너희는 코끼리를 감추고 있어(Elephant in the room)." 정말일까? 말로와 나는 자기도 모르는 사이에 서로를 슬픈 얼굴로 대했던 걸까?

*

 빠이Pai로 향하는 픽업 버스 안에서 기사는 도로 사정이 좋지 않아 도착이 지연될 거라고 말했다. 기사의 말에 버스 안에 작은 탄식이 터졌지만 이내 조용해졌다. 말로는 몸을 웅크린 채 모포를 턱밑까지 끌어올렸다. "조금 더 자." 그녀는 고개를 한 번 끄덕이고는 창밖으로 시선을 돌렸다. 차창 너머 남국의 변덕스러운 대기는 하루에도 수없이 흐렸다 개기를 반복했고, 영원히 멈추지 않을 것처럼 많은 비를 쏟아냈다. "빠이라…. 도착하자마자 떠나야 하는 건 아닐까?" 우리의 목적지를 말했을 때 말로가 그렇게 말했다. 나는 말로의 이야기를 이해하지 못했고, 한참 후에야 그녀가 농담을 하고 있다는 것을 알았다.

후에 안 사실이지만 빠이로 가는 길엔 칠백 개가 넘는 고개가 있었다. 마침내 모든 고개를 넘어 마을에 도착하자 거짓말처럼 비가 그쳤다. 말로는 버스에서 짐을 내리다가 "저길 봐."라며 언덕 아래 강변을 가리켰고, 그곳에는 반쯤 물에 잠긴 방갈로가 위태롭게 흔들리고 있었다. 버스에 함께 탄 여행자들이 하나둘 터미널을 떠날 때까지 우리는 범람한 강물을 내려다봤다. "날이 저물고 있어." 내가 말했고 말로는 그제야 내려놓은 배낭을 어깨에 멨다.

터미널에서 구한 지도는 별 도움이 되지 못했다. 지도 위에는 세 나라의 언어가 병기되어 있었는데 오히려 그 때문에 더 알아보기가 어려웠다. 지도를 접고 사람이 많은 방향으로 걸었다. 시설이 괜찮아 보이는 게스트 하우스는 대부분 빈방이 없었다. 곧 열리게 될 마을 축제 때문이라고 했다. 축축한 날씨에 우리는 지쳤고, 날은 점점 더 어두워졌으며, 좁은 인도를 걸을 때 몇몇 오토바이가 위협적으로 우리를 스쳐 갔다. "도대체 어디까지 가는 거야?" 내가 소리치자 한참을 앞서 걷던 말로가 걸음을 멈췄다. 그는 내가 가까이

갈 때까지 꼼짝도 하지 않고 서 있었다. "이제 정말 아무것도 안 보여. 어쩔 거야?" 우리는 침묵한 채 서로를 노려보았다. 말로의 그을린 이마와 갈라진 입술, 야윈 볼에는 생기가 없었다. 우리는 왜 여기까지 오게 된 걸까. 오랜 여행에 우리는 지쳐 있었고, 어느덧 그 끝이 보이는 길 위에 있었다.

체념 섞인 내 말에 주위를 둘러보던 말로가 큰길에서 한참 떨어진 한 특색 없는 건물을 가리켰다. "저긴 어때?" 장식 없는 나무 간판에는 '호텔 에밀리'라고 적혀 있었는데, 호텔이라는 생각은 전혀 들지 않았다. 그곳이 아니라면 이 작은 마을에 우리가 머물 수 있는 곳은 어디에도 없을 것처럼 느껴졌다. 호텔 에밀리의 철문은 오래 열지 않은 것처럼 무겁고 요란한 소리가 났다. 데스크 위의 벨을 다섯 번쯤 쳤을 때 안쪽에서 누군가 나타났다. 얼굴에 수염이 덥수룩한 거구의 남자였다. 그는 걸을 때마다 한쪽 다리를 절고 있었다. "저녁을 먹고 있었어." 투박한 영어 발음. "미안하지만 지금은 빈방이 없어. 얼마 후면 축제가 시작되거든." "알아, 그거 때문에 이렇게 울고 있잖아." "중국인?" "한국." "그렇지? 중국인들은 농담을 잘 못해." 나는 조금 웃었다. "여자친구가 많이 지쳐 보이는데?" 말로를 가리키며 남자가 말했다. "친구 사이야." 남자는 볼펜으로 데스크를 두드리며 무언가 생각하더니 천천히 말을 이었다. "방법이 있긴 한데, 대신 몇 가지 지켜줘야 할 것이 있어. 너희만 괜찮다면." 말로와 나는 서로를 쳐다봤고, 거의 동시에 고개를 끄덕였다.

자신을 알렉스라고 소개한 남자는 빼곡히 꾸며진 정원을 가로질러 우리를 안내했다. 그는 자신의 딸 에밀리에 관해 이야기했는데, 그가 지금 다른 나라에서 대학에 다니고 있으며 매년 정원의 꽃이 만개하는 이맘때쯤 돌아온다고 했다. 알렉스는 외벽을 하얗게 칠한 에밀리의 방 앞에 멈췄다. 방 안에는 커다란 침대와 태국식 낮은 의자가 있었고, 고동색 나무 책장에는 몇몇 익숙한 제목의 영문 소설이 진열돼 있었다. 창문틀의 작은 화분까지 모든 게 완벽했다. 알렉스는 우리가 실내를 충분히 둘러볼 때까지 멀찍이 서서 기다렸다. "미안하지만 이 방에는 텔레비전이 없어." "상관없어. 어차피 알아듣지도 못할 테니까." 알렉스는 열쇠를 건네며 몇 가지 지켜줘야 할 것이 있다고 말했다. '해가 지고 난 후에는 소리를 지르지 말 것. 에밀리의 물건을 가져가지 말 것. 하루에 한 번 화분의 꽃을 지켜볼 것. 마지막으로 언제든 에밀리가 돌아오면 방을 비워줄 것.' 알렉스가 떠나고 우리는 침대 끝에 걸터앉았다. "나무 냄새가 좋아." 벽에 걸린 사진을 보며 말로가 말했다. "몰라, 난 안 씻을 거야." 나는 건성으로 대답하며 침대에 엎어지듯 몸을 던졌다. 주섬주섬 가방을 뒤지는 소리가 들렸고, 잠시 후 화장실 문을 활짝 열며 말로가 소리쳤다. "나무 욕조가 있어!"

호텔 에밀리에 머무는 동안 우리는 매일 조금씩 마을을 산책했다. 빠이는 태국의 여느 도시와는 확실히 달랐다. 작고 조용했고, 그래서 조금 더 오래 머문 것처럼 느리게 걸을 수 있었다. "저녁에 뭔가 만들어 먹을까? 알렉스에게 주방을 빌릴 수 있는지 물어볼게." 가판 위에 진열된 과일을 살피며 내가 말했다. "나는 괜찮아." 말로는 고개를 저었다. 그녀는 푸릇한 미니 바나나 한 송이와 마을의 풍경이 그려진 엽서 묶음을 샀다. 우리는 시장이 끝나는 지점까지 걸었다. 강이 보이는 언덕, 거기까지가 우리의 산책로였다. 강을 가로지르는 대나무 다리 위에서 웃통을 벗은 소년들이 강으로 뛰어들었다. "건널까?" 말로가 앞장서서 강가로 내려갔다. 아이들은 장난스럽게 다리를 흔들었고, 내가 화난 표정으로 다가가자 소리를 지르며 물속으로 사라졌다.

나무 방갈로 테라스에는 웃통을 벗은 백인 남자가 동그란 배 위에 책을 올려 두고 잠들어 있었다. 짙푸르게 우거진 열대 식물과 울창한 나무 위의 새들. 'Don't Cry'라는 낙서가 새겨진 버려진 이정표. 검은색 흙이 깔린 벌판과 몇 개의 이름 모를 무덤. 멀리 산허리에 안개구름이 흘렀다. 나이를 가늠하기 힘들 만큼 커다란 나무가 있었고, 그 뒤쪽에 버려진 작은 카페도 있었다. 목조 건물엔 덩굴이 무성했다. 카페의 출입에는 'SALE'이라는 문구가 적힌 판자가 걸려 있었다. 말로는 손차양을 만들어 하얗게 먼지 낀 창문 안쪽을 살폈다. 그러고는 내게 가까이 오라며 손짓했다. 창문 너머 어두컴컴한 실내에는 테이블이며 의자가 그대로 있었다. "들어갈까?" 말로는 유리가 없는 빈 창틀을 가리켰다.

카페는 서늘하고 축축했다. 진열된 컵 위에는 먼지가 두껍게 앉아 있었다. 말로는 "아아아." 의미 없는 소리를 내며 테이블 사이를 걸었다. 그녀는 창가 쪽 테이블에 앉았다. "재료가 다 떨어졌어. 영업 끝이야." 의자를 당기며 내가 말했다. 말로는 조금 웃었고 엽서를 하나 꺼내 그림을 그리기 시작했다. "책이라도 가지고 올 걸 그랬어." 나는 그렇게 말하며 테이블 위에 엎드렸다. "책 읽다 잠드는 버릇은 여전하니?" "그 정도는 아니야." 창 너머에서 바람이 불었다. 덥지도 시원하지도 않은, 아무 표정도 없는 그저 그런 바람.

"코끼리가 보고 싶었어." 무심한 듯 조용히 말로가 말했다. 나는 자세를 고쳐 앉으며 그림을 그리는 말로의 손을 쳐다봤다. "이곳이라면 거리 어느 곳에나 코끼리가 있을 줄 알았거든." 바보 같은 소리야. 나는 속으로 생각했다. "코끼리가 나오는 꿈을 꾼 적이 있어. 아니, 코끼리가 나오지는 않아. 하지만 코끼리는 분명히 있었어." "코끼리가 나오지 않는 코끼리 꿈이라니?" "잘 모르겠어. 코끼리는 분명히 보이지 않는데, 사람들 안에는 코끼리가 있었어. 너무나도 큰. 감당할 수 없을 만큼 커다란 코끼리." 나는 아무 대답도 하지 않았다. 그러자 말로가 손을 멈추고 나를 쳐다봤다. 엽서에는 비현실적으로 커다란 코끼리 한 마리가 그려져 있었다. "가져도 돼?" 말로는 고개를 끄덕였다. "코끼리만 한 사람이라면 알 것 같아. 이를테면 알렉스라든지." 말로가 웃었다. 그녀는 가만히 앉아 코끼리 그림을 몇 장 더 그렸고, 나는 자리에서 일어나 카페를 구석구석 뒤졌다. 그러다 창밖에 서 있는 늙은 태국 남자와 눈이 마주쳤고, 그가 돌아간 뒤 우리는 서둘러 창문을 넘었다.

말로와 나는 점점 함께하는 시간을 줄여갔다. 어느 날은 아침부터 저녁까지 한마디도 나누지 않았는데, 그건 여행이 끝났을 때를 대비하는 일처럼 느껴지기도 했다. 그러니까 여행이 끝나고 다시는 마주치지 않아도 괜찮은 상태로 만드는 일. 헤어진 연인이 진짜로 헤어지기 위해

하는 의례 같은 일이었다.

*

 길게 낮잠을 자고 방에서 나왔을 때 알렉스의 정원에는 늦은 태양이 내려앉았다. 흔들의자에 앉아 맥주를 마시던 알렉스가 나를 보며 맥주병을 눈높이까지 올렸고, 나는 고개를 저었다. "혹시 말로가 어디로 갔는지 알고 있어?" 알렉스는 어깨를 으쓱했다. "그건 네가 알겠지." 나는 들릴 듯 말 듯한 목소리로 "그래, 안녕."이라고 대답하고는 호텔을 빠져나왔다. 거리에 하나둘 가로등이 켜졌다. 나는 야시장이 열리는 방향으로 걸었다. 가짜 신호등과 빨간 우체통, 직접 만든 가방을 파는 상점, 진열장 속 'I LOVE PAI'라고 새겨진 티셔츠. 꼬치를 파는 포장마차에서는 하얗게 연기가 피어올랐다. 말로는 사람들 안에 있었다. 그는 히피풍의 털모자를 쓴 거리 예술가 앞에 서 있었고, 나는 조금 떨어진 곳에서 그 모습을 지켜봤다. 그러다 말로와 눈이 마주쳤고, 말로는 손가락으로 조용히 하라는 신호를 보냈다. 나는 말로 옆에 나란히 섰다. 여윈 얼굴의 예술가는 자기 얼굴보다 큰 구슬을 목뒤에서 어깨로, 다시 가슴으로, 무릎 방향으로 굴렸다. 표정이 너무 진지해 마치 심오한 코미디를 보는 기분이었다.

그는 구슬을 높이 던졌다가 받으며 동작을 멈췄고, 그걸로 공연은 끝이었다. 아주 짧은 박수와 다시 평범한 시장의 풍경이 이어졌다. 예술가는 모자를 벗어 바닥에 내려놓고 구슬을 닦았다. 말로는 지갑을 꺼내 우리의 하루 숙박비보다 많은 돈을 모자 안에 넣었다. "중간에 한 번 구슬을 떨어뜨렸어." 내가 이해할 수 없다는 표정을 짓자 변명하듯 그렇게 말했다.

차양을 드리운 노천 술집에 앉아 맥주를 한 병씩 시켰다. 반병쯤 비웠을 때 안주가 나왔다. 우리는 거의 미친 듯이 먹었다. 음식은 금방 동났고, 돼지고기 꼬치와 솜땀을 하나씩 더 시켰다. "너무 많이 먹는 거 아니야?" "아까 네가 그 히피한테 준 돈에 비하면 아무것도 아니지." 우리는 더 많은 맥주를 마셨다. 이상하게도 취한 기분은 들지 않았다. 밤거리는 넓고 시끄럽고 곳곳이 예술가들의 난장이었다. "기분이 어때?" "좋아." 말로는 건너편에서 아이리시 팝을 연주하는 밴드를 쳐다보며 건성으로 대답했다. 말로의 얼굴은 붉었고, 눈동자는 연한 갈색이었다. 우리는 서로를 쳐다봤다. "무슨 기분을 말하는 거야?" 말로가 말했다. "그냥 기분 말이야. 너의 감정, 상태, 생각. 모든 것." 그는 말없이 병을 만지작거렸다. 길 건너편 밴드는 다른 음악을 준비하고 있었다. 우리 옆으로 한 무리의 외국인이 소리를 지르며 걸어갔다. 몇몇이 그들을 따라 행진했다. "축제가 시작됐나 봐." 그렇게 말하며 말로는 고개를 두리번거렸다. '코끼리는 찾았어?' 나는 차마 그 질문을 말로에게 하지 못했다. 헤어지기 이전보다 더 깊은 시간을 함께 보냈지만 내가 그녀에 대해 아는 것은 아무것도 없었다.

우리는 시장을 뒤로한 채 천천히 걷다가 알렉스의 호텔이 보이는 모퉁이에서 걸음을 멈췄다. "한잔 더 할래?" 말로는 고개를 저었다. "더 마시고 들어와." 말로는 천천히 호텔로 걸어 들어갔다. 나는 가만히 그 모습을 지켜봤다. 시장 쪽으로 걸었고, 문득 발길을 돌려 반대 방향으로 걸었다. 불 꺼진 알렉스의 호텔, 문 닫은 상점, 칠백 개가 넘는 고개를 생각했다. 시장의 소란은 아주 멀리, 작은 성냥불처럼 보였다. 인적 없는 길가에서 오랫동안 오줌을 누고, 며칠간 머릿속을 맴돌던 의미 없는 멜로디를 흥얼거렸다. 어디선가 희미하게 드럼 소리가 들렸는데, 소리를 따라 흙길을 걷자 공터가 나타났다. 나무판자를 대충 얹어 지붕을 올린 조잡한 가건물에는 각종 장식이 난잡했다. 레게를 연주하는 밴드 음악에 맞춰 히피들이 몸을 흔들고 있었다. 나는 한쪽 구석에서 맥주를 주문했다. 히피 차림의 바텐더는 체 게바라의 얼굴이 그려진 컵 받침 위에 병을 올렸다. "아 유 레게?" 그는 연신 무언가를 씹고 있었는데, 입에서는 지독한 풀 비린내가 풍겼다. "지금이 몇 시야?" 내가 묻자 그는 고개를 저으며 아주 멍청한 표정으로 밴드의 노래를 따라 부르기 시작했다. 어떤 남자는 거의 미친 사람처럼 탬버린을 흔들었다. 나는 노래 하나가 끝날 때까지 맥주를 홀짝이다가 흐느적대며 춤추는 사람들 사이에 가만히 서 있었다. 싸구려 럼이 담긴 바스켓을 들고 반쯤 눈이 풀린 사람들을 따라 공터로 나갔다. 모닥불 주위에 잡풀이 무성했고, 대여섯 명의 사람이 길게 누인 나무 위에 널브러져 있었다. 눈 화장이 진한 여자가 내게 가까이 오라며 손짓했다. "안녕." 나는 그들 사이에 앉았다. 코에 커다란 피어싱을 한 남자가 "안-녕."이라며 흐느적거리는 소리를 냈다. 그는 마른 풀잎을 종이에 말아 내게 건넸다. 한 모금, 두 모금, 머릿속이 아득해졌다. 떫은 기침을 토했고, 여자는 깔깔대며 웃었다. 그녀는 내 바스켓에 꽂힌 빨대를 빨면서 "버섯이 먹고 싶어."라고 말했다. 그러면서 내 손에서 담배를 가져가 오랫동안 빨아들였다. "너 괜찮아?" 내가 말하자 여자는 눈을 가늘게 뜨며 다시 담배를 건넸고, 나는 아주 천천히, 오랫동안 연기를 마셨다. 정말 아무것도 생각하고 싶지 않았고, 어떤 것도 생각나지 않았다. 대신 조금 더 맑아진 눈으로 그들이 무엇을 이야기하는지, 어떤 상태인지, 그 모든 것을 지켜봤다. "너희가 말로를 알아?" 내가 소리치자, 누군가 "말로가 뭐야?"라고 물었고, 나는 그에게 "꺼져."라고 한국말로 대답했다. 시간이 천천히 흐르는 기분. 누군가는 울고 누군가는 웃었다. 모두 일어나 춤을 췄다. 무엇 때문인지 아무도 이유를 묻지 않은 채 울거나 웃었다.

*

에밀리의 책장, 에밀리의 화분. 그러나 말로는 없는 방. 자는 동안 누군가 방문을 열고 들어와 차갑고 커다란 손으로 이마를 짚고 갔는데, 그것 역시 꿈처럼 느껴졌다. 침대에서 몸을 일으켜 밖으로 나가자 정원을 손질하던 알렉스가 허리를 길게 펴며 앓는 소리를 냈다. 우리는 나란히 앉았다. "좀 어때?" 나는 고개를 저었다. "말로는?" "너는 항상 똑같은 질문만 하는구나. 그녀는 떠났어." 내가 어리둥절한 표정을 짓자 알렉스가 웃었다. "저기 네 엄마가 돌아왔네." 그때 마침 검게 그을린 얼굴의 말로가 호텔로 들어왔다. "저녁을 준비할게. 그동안 네 엄마에게 혼 좀 나고 있어." 알렉스는 내 어깨를 툭 친 다음 주방으로 걸어 들어갔다.

우리는 둥그런 나무 식탁에 둘러앉았다. 알렉스는 손

수 만든 음식을 덜어주며 밤에 일어난 일들을 이야기했다. 아주 늦은 밤, 내가 돌아오지 않았다는 말로의 말에, 둘은 직접 거리로 나섰다고 했다. 그들은 축제가 한창인 시장과 골목, 그 어디에서도 찾을 수 없자 내가 강물에 빠졌을 거라고 단정했다. 현지 경찰에게 도움을 요청해 함께 수색을 다닐 무렵, 텅 빈 거리에서 달려오는 반라의 주정뱅이를 보고야 말았다며 알렉스는 고개를 저었다. "넌 우사인 볼트처럼 달려왔어." 말로는 고개를 저었다. 경찰관의 볼에 정신없이 뽀뽀하고 사랑한다고 수없이 외쳤다는 한 주정뱅이의 영웅담을 들으며, 나는 접시에 거의 고개를 처박고 음식을 먹었다.

우리는 더 이상 먹을 수 없을 때까지 먹었다. 그러고는 맥주를 하나씩 들고 정원이 보이는 나무의자에 나란히 앉았다. "코끼리는 찾았니?" 알렉스의 말에 말로는 고개를 저었다. 말로는 두 발을 앞으로 길게 뻗은 채 허공에서 까닥거렸다. "온통 먼지와 흙뿐이었어." 말로의 대답에 알렉스가 내게 설명했다. "네가 뻗어있을 때 엄마는 코끼리 구경을 다녀왔어." 알렉스는 빠이 캐넌이라고 불리는 작은 협곡에 대해 말했다. 그는 그곳이 이 작은 마을에 코끼리가 숨어 있을 만한 거의 유일한 곳이라고 덧붙였다. 말로가 말을 이었다. "코끼리는 보지 못했어. 좁은 길을 걷는데 반대편에서 누군가 걸어왔거든. 발밑은 낭떠러지였고, 무서워서 다시 뒤로 돌아가야겠다고 생각했어. 그런데 막상 그 사람이 내 옆을 지나쳐 갔을 때는 아무렇지 않았어." "아마 그 사람도 두렵기는 마찬가지였을 거야." "그럴까?" 말로는 양손으로 병을 쥐고 조금씩 나눠 마셨다.

    알렉스는 담요를 꺼내 와 우리에게 건네며 더 필요한 것이 있는지 물었다. 나는 고개를 저었다. "알렉스, 너는 지금 사랑하고 있니?" 문득 말로가 물었고, 알렉스는 조금 머뭇거렸다. 그러다 아주 오래된 이야기를 들려주었다. 자신이 퇴역한 군인이며, 반란군에게 총을 겨눴다는 이야기. 폐허가 된 마을에 버려진 전쟁고아에 대한 이야기. 그리고 반쯤 부서진 침대 위에서 악다구니를 쓰며 울고 있던 한 아기에 대한 이야기. 그는 만약 에밀리가 자신의 가족과 친구를 쏜 사람이 누구인지 알게 된다면 어떻게 될지 상상할 수도 없다고 덧붙였다. 그를 위로해야 할까, 아니면 비난해야 할까. 나는 어떤 표정을 지어야 할지 알 수 없었다. "그건 아주 오래전 일이야." 알렉스는 웃으며 말했다. 그는 잠깐 말이 없다가 자리에서 일어났다. "맥주가 떨어졌어." 알렉스는 다리를 절며 식당으로 걸어갔고, 그 모습을 끝까지 지켜보던 말로는 조금 더 깊숙이 의자 속으로 몸을 묻었다.

얼마 후 알렉스는 맥주 세 병을 들고나왔다. 우리는 병을 부딪쳤다. "너희는 코끼리가 어디에서 죽는지 알고 있니?" 알렉스가 말했다. "사냥꾼들은 알지 않을까." "어쩌면 그럴지도." 알렉스는 수염에 묻은 맥주를 닦았다. "코끼리는 늪에서 죽어. 나이가 들고 아무것도 할 수 없어질 때, 씹기 좋은 풀을 찾아서 조금씩 늪으로 들어가는 거지. 그러다 천천히 사라지는 거야." 알렉스는 우리를 한 번씩 쳐다봤다. "그래서 우리는 코끼리가 사라지는 걸 볼 수가 없어. 그의 냄새도, 두꺼운 피부도, 길고 커다란 코조차도 말이야. 언제 사라졌는지 몰라서, 그래서 아주 오래 기억하고 있는 거야." 그는 아주 천천히 말했다.

우리는 정원을 바라보았다. 꽃이 피기 직전의 나무들, 에밀리가 돌아오기 전까지 한 남자가 거대한 몸을 이끌고 하루에도 몇 번씩 가지를 치고 흙을 다듬었을 작은 정원을. 커다란 녹색 이파리에 투둑, 빗방울이 떨어졌다. 그리고 잠시 후 아주 많은 비가 내리며 정원을 흔들기 시작했다. 그때 말로가 나를 바라보며 아주 촌스럽고 밝은 표정으로 무언가 말했는데, 커다란 빗소리에 나는 아무것도 들을 수 없었다.

엄마를 찾아서

제주에서 나고 자란 엄마는 서울에서 나와 동생을 키우다 다시 제주로 갔다. 오래전 일이었다. 우린 바쁘다는 핑계로 엄마의 얼굴을 잊고 살았다. 그러던 어느 날 엄마가 사라졌다.

"엄마가 사라졌어." 동생의 문자를 받은 건 토요일 저녁이었다. 하지만 주말을 방해받고 싶지 않은 마음에 이틀이 훌쩍 지난 후에야 답장했다. "또어?" 엄마가 사라졌다는 말을 대수롭지 않게 여기게 된 건 순전히 그녀 탓이다. 엄마는 툭하면 핸드폰을 끄고 잠수를 타거나 말없이 여행을 떠났다. 타고난 방랑자였다. 서울 생활을 정리하고 고향 제주로 돌아가는 날까지도 우리와 한마디 상의도 하지 않았다. 엄마는 종종 우주에 혼자 남겨진 사람처럼 굴었다. "오빠, 그런데 이번엔 패턴이 좀 달라." 동생은 사라지기 전 엄마에게 한 통의 문자를 받았다고 했다. "나를 찾지 마. 절대 오지 마." 그러면서 주소 링크를 하나 보냈는데, 제주의 '환상숲'이라는 곳이었다. "참 엄마답네." 엄마는 종종 허무맹랑한 상상이나 꿈에 관해 이야기하곤 했고, 나는 그녀의 말을 한쪽으로 흘려듣는 쪽이었다. 자신의 기분을 반대로 말하는 엄마 성격으로 미루어 볼 때 '나를 찾지 마.'라는 문자는 일종의 시위이자 부탁이었다. '어서 이곳으로 와, 나를 찾아줘.'라는.

휴무를 낼 수 없는 동생을 대신해 내가 엄마를 상대하기로 했다. 제주행 비행기에 오르며 전원이 꺼진 그녀의 핸드폰에 "제발, 철 좀 들자 엄마!"라고 썼다가 지웠다. 대신 이렇게 보냈다. "숲으로 갈 테니 힌트를 줘요." 몇 번의 터뷸런스를 통과한 비행기는 제주에 도착했고, 여름 제주의 태양은 세상의 모든 것을 태워버릴 듯 강렬했다. 숙소에 들를 것도 없이 곧장 숲으로 향했다. 서둘러 이 기행을 끝내고 싶은 마음뿐이었다.

숲은 한적했다. 도착하자마자 무작정 걷기 시작했는데, 한여름의 숲이 내뿜는 덥고 습한 공기에 숨이 턱턱 막혔다. 옷이 땀으로 다 젖었고, 성가시게 구는 날벌레를 떨쳐내면서 이 여행이 얼마나 바보 같은 짓인지 한탄했다. 얼마나 걸었을까, 숲 공터에서 사람들이 둥글게 모여 이야기를 나누고 있었다. 숲의 이야기를 들려주는 해설 프로그램이었다. 멀찌감치 떨어져 들으니 이 숲은 오랫동안 버려진 땅이라 했다. 용암이 만든 암반 때문에 농토나 방목지로 쓸 수 없었다고. 척박한 토양에 적응하기 위해 나무는 제 뿌리를 흙 바깥으로 드러낸 채, 악착같은 힘으로 돌을 움켜쥐고 자랐다. 죽은 바위 위에 새싹이 앉고 그것이 자라 거대한 숲을 이루기까지, 오랜 시간 침묵과 인내의 계절을 통과한 나무들을 생각하자 마음이 고요해졌다. '사람의 간섭이 끊기면 그 자리에 숲이 생기는구나.' 나는 문득 스쳐 가는 생각 하나에 멈춰 섰다. 오래전 잊고 있었던 비슷한 장면 하나가 떠올랐고, 홀린 듯 걸음을 재촉해 어느 나무 앞에 다다랐다. 하늘을 떠받들듯 기묘하게 뻗은 가지, 그때 그 나무였다.

엄마가 자식을 버리고 귀향한 그 옛날, 시간이 한참 지난 후에야 제주에서 엄마를 만났다. 그때 엄마와 함께 걸었던 곳이 바로 이곳, 환상숲이었다. 우리는 숲을 산책하는 동안 거의 아무런 대화도 나누지 않았다. 그건 엄마의 오랜 버릇이었다. 엄마는 한참을 떠들다가 갑자기 말을 그치곤 했는데, 그런 일이 몇 번 반복된 뒤에야 나는 그녀가 화가 난 게 아니라 자신의 생각 안에 멈춰 있다는 것을 알게 됐다. 방향도 없이 숲길을 산책한 뒤에 엄마는 한 나무 앞에서 걸음을 멈췄고, 나뭇가지 위 등껍질 없는 달팽이를 손가락으로 가리켰다. "아들, 달팽이는 등껍질이 없으면 죽나?" "간신히 살다가 죽겠지." "오는 길에 벼락 맞은 나무도 하나 있던데?" "벼락 맞은 채로 살다가 죽겠지." 우리는

그런 시답잖은 농담을 나눈 뒤에 산책을 마쳤다.

그날의 나무는 조금도 자라지 않은 것처럼 그 자리에 있었다. 화석이 된 엄마의 나무. 정작 엄마는 없는 자리에서 나는 무엇을 하고 있는 걸까? 엄마는 대체 무엇을 말하고 싶었던 걸까? 핸드폰을 열었지만 답장은 없었다. 그때 숲의 여행을 마친 우리가 어디로 갔더라? 나는 단단한 나무 기둥을 만지며 다음 목적지를 생각했다.

"여기가 엄마의 고향이야." 10년 전 여행에서 엄마는 허물어져 아무도 돌보지 않는 낡은 집 앞에서 말했다. 엄마는 어릴 적 신발도 없이 뛰어놀았다던 골목을 걸으며 그리운 이웃들의 이름을 하나하나 발음했다. 그러나 신식 건물이 들어선 옛 마을 회관 자리나 오랫동안 사용하지 않아 막아놓은 우물터 앞에선 기억을 잃은 사람처럼 우물쭈물했다. "어머니와 아버지가 돌아가시면서 다 잃어버렸어." 일곱 남매가 한데 모여 살던 외가는 외조부모가 돌아가시면서 구심점을 잃었다. 장성한 자식들은 뿔뿔이 흩어졌고, 엄마는 섬을 떠나 서울에서 새로운 터전을 구했다. 연고도 없는 스무 살 처녀가 할 수 있는 일은 많지 않아서 그녀는 밤낮으로 일만 했다. 미용 기술로 돈을 벌어 그걸로 자식을 키웠다.

나는 엄마의 추억이 담긴 골목을 걷다가 자연스레 바

다로 걸음을 옮겼다. 이름 모를 포구를 지나 사람들이 모인 곳까지 걸었다. 까맣게 그을린 종아리며 모래를 잔뜩 묻힌 발로 도로를 서성이는 소년들이 보였다. 어릴 적 엄마는 바다를 동경한 나머지 해녀가 되고 싶었다. 하지만 부모님의 반대로 집안일을 도우며 동생들을 돌봐야 했고, 꿈을 꾸는 일만으로도 매를 맞는다는 사실에 좌절했다고 했다. "가끔 바다에 나갈 기회가 생길 때면 할 수 있는 한 모든 힘을 짜서 아주 멀리까지 헤엄쳤어." 하지만 결국 다시 제자리였고, 엄마는 자신의 못생긴 삶이 원망스러워 바다를 보며 엉엉 울었다. "어떻게 알았는지 큰언니는 항상 엄마를 찾아냈어. 소다 맛 아이스크림을 사주면 또 그게 좋아서 다 풀렸던 것 같아."

나는 아이스크림을 하나 사 들고 모래사장에 앉았다. 우두커니 파도가 들고나는 모양을 바라보았다. 아빠의 손을 잡은 아가는 이제 막 걸음마를 뗀 듯 아장거리며 바닷물에 발을 넣었다 빼기를 반복했고, 멀리서 찾아온 포말이 해변까지 밀려왔다가 금세 모래 속으로 사라졌다. 주변 가맥집에서는 대낮부터 술판이 한창이었다. 그들은 근심도 없이 그저 지금, 이곳의 계절에 대해서만 이야기하는 중이었다. 엄마가 이곳에 왔다면 분명 나와 같은 풍경을 봤겠지. 그녀는 이런 안전하고 나른한 풍경에 안도했을까? 아니면 어린 시절의 기억이 떠올라 조금 슬픈 얼굴이 됐을까? 그런 생각을 하는 사이 손에 쥔 아이스크림은 이미 다 녹아 사라지고 없었다.

엄마의 숲과 엄마의 바다를 거치자 다음 목적지가 명확해졌다. 나는 차를 몰아 제주 북쪽 해안 도로를 달렸다. 엄마는 조천과 함덕, 김녕으로 이어지는 길과 그 길의 굴곡에 따라 달리 보이는 해안선을 유난히 좋아했다. 그 여행에서 나는 엄마를 스쿠터에 태우고 이 길을 달렸는데, 시간이 한참 지난 후에도 엄마의 그날의 추억을 이야기하곤 했다.

창문을 열고 오래전 유행했던 노래를 불렀다. 이따금 바람이 세게 불면 차를 세웠고, 쓸쓸한 가축들 몇 마리 풀 뜯는 광경을 보며 가만히 서 있었다. 그리고 바다가 내려다보이는 언덕에 올라 저녁이 번지는 광경을 끝까지 지켜봤다. 예약했던 숙소를 취소하고 그때 엄마와 함께 묵었던 게스트하우스에 짐을 풀었다. 그곳에서 처음 만난 여행자들과 오랫동안 이야기를 나눴다. 각자의 여정에 대해, 제주의 숲과 제주의 바다와 제주의 저녁에 대해서. 사라진 엄마를 찾으러 왔다고 말하자 사람들은 크게 웃었다. 모두가 자리를 정리하고 떠난 뒤, 불 꺼진 방에 누워 내가 달려온 여름의 선명한 풍경을 곱씹었다. 엄마를 닮은 나는 많은 여행을 혼자 다녔고, 잠이 들 때마다 혼자라는 사실을 아는 것이 얼마나 무서운 일인지 늘 아프게 깨닫곤 했다. 그런데 이번은 조금 달랐다. 섬마을 속에서 섬 같은 엄마를 찾아다닌 여정 내내, 나는 무언가와 함께 여행하는 기분을 느꼈다. 깊은 밤 하루의 끝에서 나는 엄마가 그리워졌고, 그녀의 이름을 부르고 싶었다. 엄마는 대체 어디에 있는 걸까?

끝내 엄마를 찾지 못한 채 서울로 돌아왔다. 그리고 얼마 지나지 않아 엄마가 나타났다. 동생과 나는 차례로 전화를 걸어 그녀의 일탈에 크게 항의했다. 엄마는 미안해하는 기색도 없이 당당했다. "어머, 내가 그런 문자를 보냈니? 호호호." 사연은 이랬다. 엄마는 큰이모와 작당해 단둘이 육지로 여행을 떠났고, 너무 신이 난 나머지 핸드폰을 끄고 매일 춤을 췄으며, 훈남들의 대시도 받았다고 했다(이건 도저히 믿을 수가 없다). 문자를 보낸 건 맞지만 술에 취해 전혀 기억에 없는 일으로 미안해할 이유도 없다고 주장했다. 이런 무책임한 사람이 나의 엄마라니. "어쨌든 아들한테도 좋은 여행이었지?"

맞다. 짧은 모험 내내 나는 엄마에 대해서만 생각했다. 엄마의 농담, 엄마의 골목, 엄마의 바다, 그리고 엄마의 외로움에 대해서. 하지만 그건 그녀의 아주 작은 부분에 지나지 않는다. 누군가 엄마에 대해 묻는다면 나는 여전히 아무 대답도 못할 것이다. 어쩌면 우리는 끝내 서로를 이해할 수 없고, 또 어떤 위로도 할 수 없을 것이다. 여행에서 돌아온 나는 배낭을 함부로 풀지 않기로 했다. 엄마가 언제 떠날지 몰라서, 언제 사라진대도 바로 찾아 나설 수 있도록. 그렇게 작은 흔적들을 모으면 언젠간 엄마의 선명한 얼굴을 그릴 수 있지 않을까 생각한다. 그때가 되면 스스로에게도 자신 있게 말하고 싶다. "내가 엄마를 찾았어."

1만 루피짜리 짜이 한 잔

    2007년쯤 배낭여행자들 사이에서 '5불 생활자'라는 도전이 유행했다. 하루에 딱 5달러만 쓰면서 여행을 이어간다는 의미였다. 특히 인도는 물가가 저렴하고 문명사회와 동떨어진 신비로움이 있어, 배낭여행자의 성지로 불렸다. 전역한 지 채 한 달이 되지 않은 시점에 인도 콜카타Kolkata로 여행을 계획했다. 육체와 정신이 잔뜩 무장된 상태라 세상 두려울 것이 없었다.

    인도 콜카타 공항의 입국 수속을 마치자 어느덧 새벽 두 시였다. 이 시간에 공항 밖을 돌아다니는 건 자해행위나 다름없으므로, 날이 밝을 때까지 공항에 머물기로 했다. 대합실에 자리 잡고 앉아 여행 가이드북을 펼쳤다. 인도와 네팔을 묶어 소개한 가이드북은 1,000페이지에 달했고, 호신용 벽돌을 대신할 수 있을 만큼 무거웠다. 가이드북에는 여행자가 머물 만한 숙소 몇 개와 추천 식당 리스트가 수록되어 있었는데, 스마트폰이 없었기에 책에 적힌 정보가 절대적이었다. 공항에서 여행자의 거리 서더 스트리트까지는 버스를 이용해야 했는데, 그 말은 버스가 운행하기 전까지는 꼼짝도 할 수 없다는 의미였다. 맨바닥에 침낭을 깔고 들어가 동태를 살폈다. 조도가 낮은 콜카타 공항은 음산하고 축축했으며, 공항 곳곳 어깨에 장총을 멘 군인들이 어슬렁거렸다. 나는 괜한 오해를 사지 않기 위해 눈을 깔았다. 세 보이는 상대를 만나면 시선을 피하는 것이 최선이기 때문이다.

밤을 새우고 동이 트자마자 배낭을 챙겨 공항을 나섰다. 뜨겁고 희뿌연 공기가 얼굴을 덮쳤다. 강황과 미세먼지가 한데 섞인 듯한 느낌. '미세 커리의 맛이로군!' 3분 카레에 익숙한 내게 원조의 향은 강렬했다. 정신을 못 차리는 여행자에게 택시 기사들이 몰려들었다. 그들은 알아듣기 힘든 인도식 억양으로 소리쳤다. "자판? 꼬레아? 탁시? (일본인인지 한국인인지 모르겠지만 일단 제 택시를 타시겠어요?)" 괜찮다고 손사래를 쳐도 막무가내였다. 급기야 내 배낭을 잡아당기는 통에 다잡았던 인내심이 무너졌다. "아, 쫌!" 참지 못한 내가 크게 소리치자 일순 정적이 일었다. 조금 심했나 싶어 미안한 마음이 들려는 순간, 언제 그랬냐는 듯 그들은 다시 소리치기 시작했다. "탁시? 원 따우전 루피! 유 해피? 암 해피! (네 목적지가 어딘지는 모르지만, 나는 1,000루피를 받을 거야. 그럼 누이 좋고 매부 좋은 거지!)" 나는 최대한 빠르게 도망치듯 인파를 빠져나와 벌판을 걸었다. 그때 어디선가 나타난 털 빠진 큰 개들이 컹컹 짖으며 따라오기 시작했다. 어째서 국제공항 주변에 들개 무리가 있는지 모르겠지만, 그들은 배가 고픈 듯 보였다. 군대에선 굶주린 개와 대화하는 법을 가르쳐 준 적이 없었기에 나는 두려워졌다. 그러나 조금이라도 도망칠 기색을 보이면 내 엉덩이를 물기 위해 달려들 것이 분명했다. 그런 와중에 멀리 사람이 보였고, 도움을 청할 요량으로 빠르게 걸었다. 그곳엔 비쩍 마른 노파와 발가벗은 아기가 쭈그려 앉아 쓰레기 더미를 뒤지고 있었다. 얼마나 오래도록 맨발이었을까? 노파의 뒤꿈치가 단단한 나무껍질 같았다. 노파는 내 눈을 바라보며 불쌍한 표정을 지어 보였다. 그녀는 손가락을 입으로 가져가는 시늉을 했는데, 배가 고프다는 의미 같았다. 나는 주머니를 뒤져 100루피 지폐를 건넸다. 노파는 냉큼 지폐를 받아 들고는 신에게 절하듯 양손을 이마에 갖다 붙인 채 연거푸 고개를 숙였다. 그러더니 바닥에 놓인 부지깽이를 들어 들개 무리에게 휘두르기 시작했다. 노파의 저주에 찬 일갈에 개들이 꼬리를 말고 도망쳤다.

노파는 버스정류장까지 30여 분은 더 가야 한다고 했다. 나는 길을 잃지 않기 위해 도로에 바짝 붙어 걸었는데, 택시와 트럭, 오토 릭샤(삼륜차)와 사이클 릭샤, 소와 개, 사람이 한데 엉켜있는 차도는 그야말로 엉망진창이었다. 그들은 경적을 울리지 않으면 병에 걸리는 사람들처럼 미친 듯이 빵빵거렸다. 그런 가운데, 등 뒤에서 무언가 부딪히는 소리가 들렸다. 신호 대기 중이던 고급 승용차의 꽁무니를 사이클 릭샤가 들이받은 모양이었다. 다행히 큰 사고는 아닌 듯 보였다. 잠시 후 승용차에서 뚱보 남자가 내렸다. 그는 잔뜩 화가 난 듯 씩씩거리더니 두꺼운 손바닥을 활짝 펴 릭샤꾼의 뺨을 내려쳤다. 한 대, 두 대, 세 대, 일방적인 폭력이 가해지는 동안 릭샤꾼은 아무런 저항도 하지 않았고, 주위의 누구도 말리지 않았다. 그 광경을 목격한 경찰이 느릿한 걸음으로 현장에 오고 나서야 상황이 일단락됐다. 경찰이 둘을 떼어놓는 와중에도 뚱보 남자는 분이 풀리지 않은 듯 씩씩거렸다. 문득 카스트 제도가 떠올랐다. 법적으로 신분 제도가 폐지된 지 60년이 지났지만, 코끼리 발목의 족쇄처럼 그들을 옭아매는 유령이 있다는 사실이 새삼 절망스러웠다.

하지만 진짜 절망은 따로 있었다. 노파가 알려준 방향으로 30분이 넘게 걸었지만, 버스정류장은 보이지 않았다. 행인을 붙잡고 물으니 반대 방향으로 가라는 대답이 들려왔다. '미치고 팔짝 뛰겠네….' 작열하는 태양 아래서 왔던 길을 거슬러 가는데, 허허벌판만 이어지는 게 아무래도 이상했다. 가판대 상인에게 다시 길을 물었더니 전혀 다른 길을 알려줬다. 그는 자신의 말이 확실하다며 직접 지도까지 그려줬다. 처음 길을 알려준 노파도, 반대편을 알려준 행인도, 모두 진심 어린 표정이었기에 누구를 원망할 수도 없는 노릇이었다.

결국, 왔던 길을 거슬러 버스정류장을 찾았고, 문짝도 없이 달리는 로컬 버스에 매달리듯 운반되었고, 우여곡절 끝에 서더 스트리트에 도착했다. 그리고 여행자 거리에서 처음 나를 반긴 건 다름 아닌 한 무리의 독수리 떼였다. 건물 옥상에서 하강한 독수리들은 족히 2미터가 넘는 날개를 펄럭거리며 길거리 토사물을 먹어 치우고 있었다. 상식을 흔드는 비현실적인 풍경. 그리고 발리우드 영화의 한 장면처럼 독수리 떼를 가로질러 한 사내가 나타났다. 그는 30년은 기른 듯한 머리와 수염을 드리우고 있었는데, 그게 그가 가진 전부였다. 몸에 걸친 것이 하나도 없었다. 인도에서 세 번째로 큰 도시, 길거리 한복판에서 히피의 나체를 목격한 것이다. 그는 검붉은 이를 드러내며 소리쳤다. "세상은 더러운 양말이야!" 무슨 의미인지 궁금했지만, 도저히 물어볼 용기가 나지 않았다. 나는 최대한 눈을 피하며 길 가장자리로 걸었고, 몇 번이나 길을 잃고 난 뒤에야 가이드북에 나온 숙소에 도착했다. 서울을 떠난 지 꼬박 스물여섯 시간 만이었다.

가이드북에 따르면 '파라곤 호텔'은 배낭여행자들이 유독 사랑하는 호텔이라고 했다. 1박에 80루피(2,000원)인 가격이 한몫하는 듯했다. 낯선 이와 함께 사용하는 도미토리는 자신이 없었기에 1인용 객실을 잡았다. 그곳은 내가 아는 '호텔'의 개념이 단번에 무너지는 장소였다. 문이 잠기지 않는 방, 얼룩이 잔뜩 묻은 1인용 침대, 훅훅 소리를 내며 돌아가는 천장의 팬, 2평 남짓한 공간에서 나는 실신하듯 잠이 들었고, 회전 팬에 맞아 몸이 두 동강 나는 꿈을 꿨다. 뭔가 몸을 기어다니는 느낌이 나는 것이, 아무래도 베드버그의 먹잇감이 되고 있는 듯했다. 나는 영혼을 몸 밖으로 빼내어 침대에 누운 김건태를 내려다봤다. 공항에서 노숙하고, 택시 빌런을 물리치고, 들개에 쫓기고, 맨발의 노파와 아이를 만났으며, 화가 난 똥보 남자를 보고, 길을 잃고, 독수리와 나체주의자를 피해 싸구려 호텔에 도착했다. 그리고 언제 떨어질지 모르는 회전 팬 아래서 실시간으로 벌레한테 물리고 있는 가여운 인간. 그는 콜카타에 도착한 지 하루 만에 죽어가고 있었다.

울고 싶었다. 여행이고 나발이고 당장에 이곳을 떠나고 싶었다. 차라리 그때 개한테 물려 한국으로 돌아갔더라면 어땠을까? 식은땀으로 온몸이 다 젖고 정신이 몽롱했다.

창밖은 이미 어둑해져 있었다. 그때 누군가 방문을 두드렸다. "네가 죽어간다는 소식을 듣고 왔어. 괜찮은 거야?" 카운터를 지키던 종업원 인드라였다. 그의 손에는 김이 모락모락 나는 유리잔이 들려있었다. 100시간을 끓인 짜이라고 했다. 그러면서 그는 덧붙였다. "이걸 마시고 네가 살아나면, 너는 나에게 1만 루피를 줘야 해. 그러니 꼭 살아줬으면 좋겠다." 허풍쟁이 인도인의 말이 나는 왜 뭉클했을까. 인드라가 돌아간 후, 그가 가지고 온 짜이를 단숨에 들이켰다. "엇뜨, 시발!" 너무 뜨거워서 나도 모르게 욕을 해버렸다. 눈물이 고이고 입천장이 다 녹아버리는 느낌이 났지만, 진정 살아남고 싶었기에 뜨거운 차를 단숨에 다 마셨다. 그러고는 혼잣말로 말했다. "아, 맛은 없지만, 진짜 좋다. 진짜 진짜 좋다."

피의 여행

대구 당일치기 여행을 계획했다. 그냥 어디든 낯선 곳이 그립기 때문이었다. '주말 대구 여행. 신체 건강한 용자 구함. 꿀잼 보장.' 내 다급한 구인 공고에 친구들의 반응은 시큰둥했다. "이 여름에 대구라고? 거긴 지금 끓고 있어." "여행이 아니라 수련을 가는 거야?" 여행에 대해 아무것도 모르는 풋내기들 같으니라고. 나는 친구들의 비아냥을 뒤로하고 혼자 동대구행 기차표를 예매했다.

계획은 완벽했다. 아침 기차를 타고 대구에 간 뒤, 대구 최고의 음식을 먹고, 대구 최고의 명소에 들르고, 대구에서만 할 수 있는 경험을 한 다음, 기차를 타고 서울로 돌아온다. 큰 틀만 짜고 디테일은 그때그때 결정하자는 게 이번 여행의 콘셉트였다. 사실 여행은 일정 부분의 불확실성을 보장해야 더 풍성해진다. 작정하고 간 여행에서는 딱 계획한 만큼만 누릴 수 있지만, 훗날 기억에 남는 건 의도치 않은 사건과 인연이라는 것. 내게 주어진 시간은 여섯 시간뿐이지만 그걸로 충분했다. 혹 누군가 "고작 한나절 만에 한 도시를 여행할 수 있는가?" 묻는다면, 나는 "명상도 30분이 넘어가면 사색이 아니라 수면."이라고 대답하고 싶다. 뭐든 적당한 게 좋은 거다.

　기차는 서울역에서 정시에 출발했다. 아침 해의 방향을 고려해 좌석을 서향으로 예매한 것이 주효했다. KTX의 비싼 가격에 걸맞은 적당한 실내 온도와 잘 정화된 공기, 차창 너머 흘러가는 여름 숲의 풍경이 아련했다. 낯선 도시를 여행하며 내가 준비할 건 딱 하나였다. 이방인의 마음을 갖는 것. 어릴 적 부모를 따라 LA로 이민 갔다가 수십 년 만에 고향으로 돌아와 별게 다 신기한 이민 2세처럼 길거리의 표지판 하나, 사람들의 복식과 표정 하나하나를 새롭게 바라보는 것이다. 이방인이 처음 만난 대구의 인상은 온통 빛뿐이었다. 동대구 역사를 나와 광장에 섰을 때, 무자비하게 쏟아지는 태양 광선에 시야가 아득해졌다. "여기는… 천국인가?" 어떻게든 정신을 다잡아야 했다. 드넓은 동대구 초원 위에 길 잃은 영양처럼 두리번거리며 지하철역을 찾았고, 멀리 '자유와 활력이 넘치는 파워풀 대구'라는 캐치프레이즈가 걸린 입구를 발견했다. "파워르풀!" 하고 미국식으로 발음하자 오히려 힘이 빠지는 기분이었다. 대구 지하철은 심플했다. 다지류 수십 마리가 엉긴 듯 복잡하게 꼬인 서울의 지하철 노선도와 달리 세 개의 노선이 한눈에 알아볼 수 있을 만큼 직관

적이었다. 지하철에 앉자마자 귀에 꽂은 에어팟을 빼버렸다. 음악 대신 현지인들의 대화를 듣고 싶었는데 아무도 말하지 않았다. 안내 방송 역시 서울과 같은 억양이었다. 왜 대구 지하철인데 서울말로 방송을 하는가? 왠지 서운한 마음이 들었다.

여행의 첫 번째 목적지는 돈가스 가게였다. '대구를 대표하는 먹거리'를 찾아봤더니, 막창과 무침회, 뭉티기가 검색됐다. 하나같이 군침을 흘릴 만한 것들이었지만 점심 식사로는 적합하지 않았다. 내 기준에서 그것들은 술안주였다. 언젠가 술을 즐기지 않는 친구와 '회는 식사인가 안주인가?' 문제로 논쟁한 적이 있었다. 단 한 번도 술 없이 회를 먹어본 적 없는 나로서는 그의 발상이 신선했다. 친구를 따라 회를 반찬 삼아 먹어봤지만 영 적응이 되지 않았고, 반면에 친구는 광어회와 청하의 어울림을 깨닫고 훗날 술 없이 못 사는 몸이 됐다.

'대구에서 제일 맛있는 돈가스집'이라는 지극히 광고스러운 리뷰에 혹해서 달려간 곳은 오픈 전에도 대기가 길었다. 이렇게 대단한 곳에서 대기 명단에 인원 1을 적는 게 영 미안했지만, 친구가 없는 게 죄는 아니니까. 한참을 기다려 모듬 카츠를 주문했다. 정갈한 모듬 카츠를 먹으며 '나는 지금 대구 최고의 음식을 맛보는 중이야.' 하고 되뇌었다. 사실 연남동에서 파는 돈가스와 크게 다르지 않은 맛이었다. 연남동의 돈가스 가게도 줄을 서는 걸 보면 어쩌면 이게 돈가스가 닿을 수 있는 궁극의 맛이려나 싶었다. 대구 돈가스를 먹고 대구 버스를 타고 닿은 곳은 작은 소품을 파는 편집숍이었다. 우연히 영상에서 본 그곳에는 작은 모퉁이마다 해가 머물고, 그 자리에 식물이 자라고 있었다. 그곳에선 낯선 이에게 편지를 쓸 수 있었는데, 편지를 써서 보관함에 넣고 누군가가 쓴 익명의 편지를 받아오는 식이었다. 단단한 책상 위에 작은 편지지 두 장과 잘 깎은 연필이 놓여 있었다. 나는 그곳에 앉아 이름도 얼굴도 모르는 타인에게 편지를 썼다.

Dear. 낯선 사람.

아침 기차를 타고 서울에서 대구까지 혼자 왔어요. 오자마자 돈가스를 먹고 이곳에서 편지를 씁니다. 이 편지지는 칸이 너무 좁아서 벌써 손목이 아프네요. 그렇지만 꿋꿋이 써볼게요. 멋진 말을 쓰고 싶은데 아무것도 생각나질 않아요. 거창한 조언이나 감동을 기대했다면 미안합니다. 저는 대구에 와서 한 번도 음악을 듣지 않았어요. 이 도시만의 소리를 듣고 싶어서요. 대구는 참 고요하네요. 햇살은 강하고. 그러고 보니 이번 여름이 참 길어요. 옛날에 여자친구랑 있을 때 "여름 너무 더워."라고 했더니 "여름은 원래 더운 거야."라고 하더라고요. "그냥 가만히 있으면 돼."라고 덧붙이길래 가만히 있었는데 전혀 나아지지 않았어요. 당시에는 여자 친구를 좋아했기 때문에 아무 말도 하지 않았지만 땀은 멈추지 않았죠. 아마도 그런 게 사랑일까 싶어요. 물론 지금은 헤어졌지만…. (청승을 떨어 거듭 미안합니다.) 지나고 보면 아주 조그만 것들이 사랑이라는 이름을 갖는 거 같아요. 무용하고 사소한 농담, 별거 아닌 거 같지만 쉽게 잊히지 않는 어떤 순간들 말이에요. 에어팟의 도움 없이 이 여행을 마무리해 보려 합니다. 잘 쉬다가, 걷다가, 우연한 곳에서 나직한 어떤 소리를 듣게 된다면 좋겠네요. 부디 당신의 여행도 그러하길. 손가락이 마비돼서 더는 못 쓰겠어요. 급하게 마무리합니다. 그럼 안녕.

From. K.

악필이지만 더듬더듬 편지를 쓰고 스티커로 봉인하고 편지함에 넣었다. 준비 없이 아무 말이나 뱉은 것이 못내 미안했지만, 모두가 멋진 편지를 받을 수는 없는 거니까. 누구에게도 하지 못할 만큼 사소한 이야기를 할 수 있어서, 편지를 쓰며 되레 위로를 받은 기분이 들었다. 조용한 카페에 앉아 익명의 편지를 열었다. 별 특별한 내용은 아니었다. 인생의 지침이 될 만한 문장을 기대했는데 그도 나와 별반 다르지 않았다. 하지만 글씨가 예뻤기 때문에 버리지는 않기로 했다.

대구 제일의 돈가스를 먹고, 시답잖은 편지를 쓰고, 카페에 가서 망고 주스를 마시고, 헌책방에 들러 낡은 동화책을 구입한 뒤에도 시간이 남았다. 그래서 배가 고프지 않은데도 대구의 자랑이라는 중화 비빔밥을 먹고, 하천을 산책하며 길고양이와 숨바꼭질했다. 바위 턱에 앉아 커피맛 아이스크림을 먹었는데 금세 녹아서 손이 잔뜩 끈적해졌다. "참, 별일이 다 있군." 그렇게 혼잣말하는 사이 그림자는 길어지고, 이제는 집으로 돌아갈 시간이었다.

시간에 맞춰 기차역으로 향했다. 한적하던 동대구역이 웬일인지 발 디딜 틈 없이 북적였다. 대한민국 사람 절반이 그곳에 모인 듯했다. 상황판을 보니 모든 기차가 지연 상태였다. 대구에서 부산으로 향하던 KTX가 철로를 벗어나 복구 중이라고 했다. 다행히 사상자는 없었다. 10분 뒤 출발 예정이던 나의 서울행 기차에도 '107분 지연'이라는 당황스러운 문구가 붙어 있었다. 나는 적당히 뭉갤 수 있는 바닥에 자리를 잡고 앉았다. 제때 출발하지 못해 잔뜩 화가 난 여행객과 그를 달래기 위해 고군분투 중인 역무원, 매표소에 잔뜩 늘어서 환불을 원하는 여행자와 새치기하기 위해 눈치를 살피는 악당, 그 모든 상황을 중계하기 위해 출동한 취재 기자까지, 그야말로 엉망진창이었다. 그런 와중에 혼자 온 듯 보이는 여행객과 자꾸만 눈이 마주쳐서 살짝 설렜는데, 알고 보니 내 반대편의 TV를 보는 거였다. TV에선 시골 산천을 배경으로 밥을 지어 먹는 예능이 나오고 있었다. 참으로 분주하고 평화로운 풍경이었다.

    2시간 30분이 지연된 기차는 자정 무렵에 서울역에 도착했다. 나는 집으로 돌아가는 마지막 버스를 탔다. 차창 밖 곤히 잠든 서울의 밤을 바라보며 하루 동안 대구에서 어떤 소리를 들었는지 기억하려 했는데, 아무것도 생각나지 않았다. 하나의 여행을 말하기 위해선 먼저 그 여행에서 온전히 빠져나와야 한다. 그러므로 당장은 아무것도 생각할 수 없고, 아무것도 말할 수 없는 거다. 나는 의자 깊숙이 몸을 묻은 채 가방 속 에어팟을 꺼냈다. 마침 데미안 라이스의 노래가 나왔고, 집에 도착하기 전까지 나는 그 노래를 자꾸만 자꾸만 반복해 들었다.

퇴사하고 발리 가서 서핑하는 이야기 1

퇴사 후에 발리로 서핑 여행을 떠날 거라고 하자, 회사에선 김건태가 전직 서핑 선수였다는 소문이 돌았다. 사실이 아니었지만 떠나는 마당에 그런 무용담 하나쯤 남겨도 나쁘지 않을 것 같았다. 사실은 전혀 다른 이유에서였다. 직장에서 새로 맡은 프로젝트가 재미없어서, 이 일을 계속한다면 더는 행복하지 않을 것 같아서 충동적으로 내린 결정이었다. 환경호르몬이 넘쳐흐르는 시멘트 건물 안에서 가능한 가장 먼 곳을 상상했고, 그때 문득 떠오른 두 단어가 바로 발리와 서핑이었다. 힙스터라면 꼭 한 달은 살고 간다는 인도네시아의 작은 섬 발리. 구릿빛 가슴팍을 뽐내며 범고래만 한 파도 터널을 통과하는 서퍼들. 그 두 개의 조합이라면 '능력이 부족해서 일을 그만두는 얼간이'가 아닌 '번아웃을 피해 과감한 결정을 내린 모험가'처럼 보일 것 같았다. 도망치는 일이라면 누구보다 재빠른 나는 바로 일주일 뒤 떠나는 발리행 비행기 티켓을 끊었다. 돌아올 계획은 세우지 않았다. 내 안의 히피가 이렇게 속삭였기 때문이다. '이 친구야, 인생은 노빠꾸야.'

결심을 마치고 방구석 깊숙이 잠들어 있던 배낭을 꺼냈다. 첫 인도 여행 이후로 15년을 함께 동고동락한 여행 메이트였다. 단언컨대 배낭은 캐리어를 가지고 여행할 때보다 더 많은 길을 걷게 한다. 캐리어 바퀴로는 도달하기 힘든 깊은 지점까지 도전할 용기를 주기 때문이다. 아무리 빡빡하게 채워도 10킬로그램을 넘지 않는 이 낡은 가방이 내 삶을 변화시키진 않을까? 보다 획기적인 사랑이 찾아오진 않을까? 그런 기대와 함께 언제 잃어버려도 괜찮을 것들로 짐을 꾸렸다. "인도에 또 가? 발리 간다고 하지 않았어?" 나는 동생을 사랑하지만, 가끔 이런 멍청한 소리를 할 때는 조금 거리를 두고 싶어진다. "발리는 인도네시아에 있는 섬이고, 인도랑 인도네시아는 소 곱창과 돼지 곱창만큼이나 거리가 멀어." "그게 그거지. 둘 다 맛있잖아." 동생은 순진한 말투로 사람을 열받게 하는 재주가 있다. "어쨌든 일찍 돌아와. 인돈지 인도네시안지 거기서 눌러살지 말고."

발리는 인도네시아 18,200개의 섬 중 하나다. 인도네시아의 모든 섬을 딱 하루씩만 여행해도 80살이 될 때까지 다 돌아보지 못한다. 그럼에도 불구하고 사람들은 인도네시아를 여행한다고 하지 않고 발리를 여행한다고 말한다. 경험자들의 증언에 의하면 발리에선 시간이 몇 배로 빠르게 흐른다. 그만큼 경험할 것이 넘쳐난다는 얘기다. 나름의 조사를 해보니 발리를 여행하는 유형을 크게 네 부류로 나눌 수 있었다. 숲이 울창한 우붓 지역에서 채식과 요가를 즐기는 힙스터, 풀빌라가 있는 리조트 타운에서 사랑을 속삭이는 커플, 푸른 파도에 몸을 던지는 서퍼, 그리고 약쟁이들. 애인도 없고 고기도 포기할 수 없는 내가 선택할 수 있는 건 오직 바다뿐이었다.

사실 나는 무척 게으른 편이다. 말이 좋아 자유로운 영혼이지 조금만 시간이 지나면 서핑이고 뭐고 맨날 술만 마시는 방탕한 여행자가 될 게 뻔했다. 계획을 세우는 것만큼이나 일정이 틀어지는 것을 더 좋아하는 내겐 일종의 강제성이 필요했다. "일어나, 서핑 가야지!" 하고 멱살을 잡아끌어 줄 장치 같은 것 말이다. 수소문해 보니 숙소에서 합숙하며 일주일에 6일을 쉬지 않고 서핑만 하는 한인 캠프가 있었다. 이거다 싶어 한 달 일정으로 캠프를 예약했다. 100만 원이 넘는 돈을 송금하며 손이 조금 떨렸지만 술을 조금 마시니 괜찮아졌다. "안녕히 계세요, 여러분~! 전 이 세상의 모든 굴레와 속박을 벗어던지고 제 행복을 찾아 떠납니다." 한국에 남은 지인들에게 퇴사 짤을 날리고 단톡방을 나왔다. 그렇게 서핑왕이 될 모든 준비가 끝났다.

망했다. 그 말보다 더 정확하게 나를 설명하는 표현은 없을 것이다. 그러니까 저렴한 항공권을 구하기 위해 말레이시아 경유를 선택했고, 대기 시간을 줄이기 위해 환승 시간이 가장 짧은 티켓을 구입했는데, 공항 터미널을 이동할 때 입국 심사를 추가로 받아야 한다는 걸 미처 알지 못했다.

입국 심사대의 줄은 한 시간이 지나도록 줄어들 기미를 보이지 않았다. 말레이시아 출입국 관리 공무원은 마음 급한 여행자의 사정 따위는 아랑곳없이 모든 입국자의 신상을 꼼꼼히 파악했다. 겨우 내 차례가 됐을 때 그는 입을 꾹 다문 채 여권과 내 얼굴을 번갈아 바라봤다. 마치 '감히 인도네시아에 가기 위해 말레이시아를 경유해? 우린 호락호락하지 않다고!'라고 말하는 듯한 얼굴이었다. 나는 거의 울 듯한 표정으로 가짜 미소를 지어 보였다. 무척 급한 상황이라는 티를 내기 위해 발까지 동동 굴렀다. 비굴한 자세로 겨우 입국 도장을 받고 짐을 찾으려는데 이번엔 내 행운의 배낭이 보이지 않았다. 그 더럽고 낡은 가방을 가져갈 사람은 아무도 없을 텐데! 수소문 끝에 겨우 수화물 레일 한구석에 처박혀 있던 배낭을 찾아 들고, 터미널 연결 철도를 타기 위해 환전을 하고, 공항철도 게이트를 찾아 헤매고, 열차를 반대로 타고, 흐르는 땀을 닦을 새도 없이 카운터로 달려갔지만 이미 창구는 닫혀 있었다. "이봐요, 아직

30분이나 남았는데 왜 안 들여보내 주는 겁니까? 내 달리기 실력이면 충분히 비행기에 탈 수 있다니까요?" 아무리 사정을 설명해도 항공사 직원은 단호했다. "규정입니다. 달리기는 아무 상관도 없어요. 늦게 도착한 당신의 잘못입니다." 맞는 말이지만 재수 없었다. "그럼 바로 다음에 출발하는 티켓으로 교환해 주세요." "발리로 가는 가장 빠른 티켓은 내일 오전입니다. 저런, 환불이 불가능한 티켓이네요. 새로 구입하시겠습니까?" 조금 더 떼를 쓰고 싶었지만, 공항 경비의 손이 권총 근처에서 서성였기 때문에 군말 없이 추가 비용을 지불했다. 영혼 없는 걸음으로 카운터를 빠져나가는 내게 직원이 말했다. "즐거운 여행 되세요."

시내로 나가기도 애매한 시간이라 공항에서 가장 가까운 호텔을 검색했다. 호텔 예약 사이트에서 반값 프로모션을 진행 중이었다. 무거운 배낭을 짊어지고 겨우 호텔에 도착했을 때 나는 거의 송장 상태였다. "미안하지만 당신이 말한 방은 이미 다 나가고 없네요. 지금 남은 건 스위트룸뿐입니다." 나는 거의 미친 사람처럼 웃으며 일주일 치 생활비에 달하는 비용을 지불하고 전혀 스윗하지 않은 스위트룸에 들어갔다. 커다란 침대 위에 장미가 흩뿌려져 있고, 작은 라탄 바구니에는 사과 두 알과 비스킷이 들어 있었다. 짐을 아무렇게나 던져놓고 침대에 누웠다. TV를 틀자 코미디언처럼 보이는 사람이 마이크를 들고 스탠딩 코미디를 하고 있었다. 무슨 말인지 알아들을 수 없었기 때문에 방청객이 웃는 타이밍에 맞춰 따라 웃었다. 그때 뉴스 속보가 흘러나왔다. 말레이시아 어느 지역에 큰비가 내려 홍수가 났다는 내용이었다. 화면 속 사람들은 망연자실한 얼굴로 집안의 물을 퍼내고 있었다. 바로 전까지 세상에서 가장 불운한 하루를 살았다고 생각했는데 문득 내 처지가 아무것도 아닌 것처럼 느껴졌다. '그래, 지구 어딘가에는 나보다 힘든 일을 겪는 사람들이 있을 테지.' 나는 이름조차 알지 못하는 사람들의 구체적인 슬픔을 상상했고, 다만 그들이 너무 오래 아프지 않기를 기도했다.

살짝 잠이 들었다 깼더니 배가 고파졌다. 호텔에 딸린 식당에 내려가 락사를 주문했다. 해산물과 카레를 이용해 끓인 말레이시아 전통 음식이었다. 따뜻한 국물을 먹으니 기분이 좋아졌다. 나는 극한의 상황에서도 먹을 것만 주면 온순해진다. '그래도 말레이시아 음식을 경험할 수 있어서 다행이야.' 그런 생각을 하며 찬찬히 주변을 살폈다. 레스토랑 한편의 작은 무대에서 공연을 준비 중이었다. 잔잔한 음악과 함께 'Fly Me To The Moon'의 첫 소절을 듣는 순간 나도 모르게 "아, 좋다." 하고 소리 내서 말해버렸다. 그러자 진짜 이 여행이 좋아지는 듯한 기분이 들었다. 내 말을 가장 가까이에서 듣는 건 나 자신이니까, 짜증 난다거나 열받는다는 말 대신 가능한 긍정적인 말로 자신을 달래줘야 한다. 그러니까 그게 진짜든 아니든 이런 식으로 말하는 거다. "아직 발리에는 도착도 못 했지만 벌써 여행의 절반은 성공한 느낌이네? 오히려 잘됐어!"

퇴사하고 발리 가서 서핑하는 이야기 2

"서핑해 본 적 있어요?" 발리에 도착한 첫날, 캠프 숙소를 소개하며 사장님이 물었다. 나는 전국 제패를 꿈꾸는 강백호처럼 비장한 얼굴로 대답했다. "아뇨, 물론 처음이죠. 하지만 어쩐지… (잠깐 쉬고) 서핑왕이 될 것 같은 강한 확신이 드네요." 사장님은 한숨 비슷한 걸 쉬더니 무표정한 얼굴로 말했다. "남자 화장실은 1층을 사용하시면 됩니다. 서핑은 새벽에 출발하니까 오늘은 무리하지 말고 푹 쉬세요." 그는 빠른 걸음으로 숙소를 떠났다. 꽤나 자기 업무에 충실한 사람인 듯했다.

다음 날 새벽이 밝았다. 헐렁한 쪼리와 목이 늘어난 티셔츠를 입은 사람들이 하나둘 숙소 마당에 모였다. 까맣게 그을린 얼굴, 잠이 덜 깨 흐느적거리는 걸음걸이, 하나같이 걸인처럼 무서운 얼굴을 하고 있었기 때문에 감히 아침 인사를 건넬 엄두가 나지 않았다. 모두가 약속이나 한 듯 하품을 하며 승합차에 올라탔다. 멀리 떠오르는 아침 해를 마주하며 얼마를 달렸을까, 열 명의 좀비와 미래의 서핑왕은 발리 남쪽 바다의 이름 모를 선착장에 도착했다. 사장님은 오늘 갈 곳은 리프Reef(산호와 바위가 숨어 있는 바다)라며, 파도가 들어오는 포인트까지 보트를 타고 이동할 거라고 했다. 그 말은 곧 발도 닿지 않는 깊고 시커먼 바다 위에서 2미터짜리 보드에 매달려 목숨을 의지해야 한다는 의미였다. '발이 닿지 않는 바다'라는 표현 속에서 난파된 배의 생존자들을 떠올렸고, 구조를 기다리다 의식을 잃는 사람이 바로 나일 거라는 불길한 상상을 했다.

"바다 수영은 할 줄 아시죠?" 사장님이 물었다. 나는 얼떨결에 그렇다고 답해버렸다. 동네 수영 센터에서 몇 년째 초급반에 머무는 실력이었지만 만만하게 보이고 싶지 않아서 허풍을 떤 거였다. 사실 따로 구명조끼를 대여할 수 있는지 물어보고 싶었는데 타이밍을 놓쳤다. 준비운동을 마치고 보트에 올라탔고, '에라 모르겠다!' 인도양 한가운데로 몸을 던지며 마침내 서핑왕을 향한 대망의 첫걸음을 시작했다.

결론부터 말하자면 나의 서핑은 우당탕탕, 뒤죽박죽, 엉망진창 그 자체였다. 슬랩스틱 코미디언이 되고 싶은 오랜 꿈이 있었는데, 파도를 타는 두 시간 동안 평생의 소원을 이뤘다. 유튜브에서 봤던 위대한 서퍼들처럼 고래만 한 파도 동굴을 통과한다거나 보드 위에서 허리를 이리저리 비틀며 꿀벌처럼 춤을 추는 듯한 기술은 꿈에서나 가능한 일이었다. 초보자용 스펀지 보드 위에서 내가 한 일이라곤 앞으로 넘어지고 뒤로 넘어지고 통돌이 세탁기에 갇힌 빨래처럼 둥글게 둥글게 바닷속으로 휩쓸린 게 전부였다. 인간의 팔다리가 그렇게 유연하게 꺾일 수 있다는 걸, 그럼에도 불구하고 살아남을 수 있다는 걸 그때 처음 알았다. 나의 담당 인스트럭터Instructor(좋은 파도를 찾아 보드를 밀어주는 서핑 선생님) '뿌뚜'는 자꾸만 바닷물을 마시며 헛구역질하는 내게 누런 이를 드러내며 소리쳤다. "웰컴 드링크! 웰컴 투 발리!"

캠프의 하루 일정을 정리하자면 이렇다. 먼동이 틀 무렵 승합차에 '실려' 가장 좋은 파도를 찾아 서핑을 즐긴다. 서핑을 마친 뒤에는 해변 가판대에서 불량한 맛이 나는 음료와 군옥수수로 허기를 채운다. 다시 숙소로 돌아가는 승합차를 타고 코를 골며 잠든다. 숙소에 도착해 그날 영상을 보며 서핑을 리뷰한다. 우리는 젖은 몸을 말릴 틈도 없이 커다란 모니터 앞에 앉아 녹화된 영상을 시청했다. 서핑의 숙련도란 피부의 그을림과 비례하는 걸까? 리뷰를 맡은 서핑 선생님은 우리 중 가장 몸이 가장 검었다.

여행을 떠나기 전, 머리를 하얗게 탈색한 탓에 영상 속 나는 일본 학원 폭력 만화에 나오는 주인공처럼 불량스럽기 짝이 없었다. 요란한 외모에 비해 내 몸 개그는 아주 처참했다. '저거 죽은 거 아니야?' 의심할 정도로 심하게 날아올라 철퍼덕, 바다로 떨어지는 장면이 여러 번 반복됐다. 선생님은 내가 바다로 추락할 때마다 동정 어린 표정을 지었다. 고난도 기술을 전수 받는 경험자들과 달리 나의 피드백은 단순했다. 그저 보드 위에서 미끄러지지 않도록 연습하라는 것. 무척이나 자존심이 상하는 주문이었다. 학창 시절 체육 실기에서 늘 S급 평가를 받았는데, 그런 내게 그저 '미끄러지지 않는 연습' 따위를 주문하다니…. 하지만 하루가 지나고 이틀이 지나도 나는 미끄러지지 않는 방법을 찾지 못했다. 어쩌다 간신히 보드에 설 수 있게 된 날도 있었는데, 그건 서핑이라기보단 그저 살기 위한 몸부림에 가까웠다.

캠프에 도착한 지 일주일째, 숙소 사람들과 술을 마셨다. 우리는 서로의 나이와 직업, 출신을 궁금해하지 않고 그저 오늘의 서핑 이야기만 했다. 모두가 짧게는 1년에서 길게는 10년 이상 파도를 탔다고 했다. 평일에는 일을 하고 주말이면 동해안으로 가 하루 종일 보드 위에서만 보낸다고 했다. 한국의 파도는 장판(파도가 낮고 잔잔해서 서핑을 하기에 적합하지 않은 상태)인 반면에 발리는 언제 와도 '꿀파도'라며 진심으로 환한 웃음을 지었다. 파도 보는 법, 보드 고르는 법, 넘어질 때 더 폼 나는 자세 취하는 법, 한국에 돌아가서 함께 서핑 하자는 약속들. 모두가 신나서 떠드는 동안 나는 점점 말을 잃어갔다. 이곳에서는 실력이 곧 권력이었다. 서핑 고수가 떠드는 동안 보드에 제대로 서지도 못하는 나 같은 애송이는 입을 다물어야 했다. 괜히 심술이 나서 급발진을 해버렸다. "그저 서핑, 서핑, 서핑. 당신들은 모두 서핑에 미친놈들 같아요. 일명 '서.친.놈'." 그러자 나와 방을 함께 쓰는 '달리(콧수염이 달리처럼 휘어짐)'가 내 어깨를 감쌌다. "형, 너무 조급해하지 말아요. 힘을 좀 빼면 형도 언젠간…." 그는 '언젠간'이라는 말을 하며 목젖이 보일 정도로 웃었다. 기분이 나쁘다기보다는 처음 서핑을 발명한 사람이 원망스러워졌다. 그는 대체 무슨 생각으로 물 위를 걷는 멍청한 스포츠를 개발했을까? 서핑은 정말이지 개떡 같은 운동이다.

"형, 선셋 서핑 같이 할래요?" 다음 날, 아침 서핑을 끝내고 언제나처럼 시무룩해 있는 내게 달리가 물었다. 해 질 무렵 바다로 가 서핑을 하면 기분 전환이 될 거라고 그는 덧붙였다. '절망감은 하루 한 번으로 충분한데….' 그런 생각이 들었지만 마지못해 함께 하자고 대답했다.

저녁 무렵 발리의 바다에는 해수욕하는 사람보다 서퍼가 더 많았다. 우리는 보드 위에 나란히 누워 파도가 오기를 기다렸다. 인스트럭터 없이 혼자 타는 서핑이라 파도를 자주 놓쳤다. 몸이 무거워 아침보다 심한 몸 개그가 속출했다. 반면 달리는 좋은 파도든 나쁜 파도든, 바다의 리듬에 몸을 맡긴 채 멀리까지 춤을 추다 돌아오기를 반복했다. 그는 아주 환한 얼굴로 "형, 힘들어 죽겠어요!" 하고 말했다. 석양이 빨갛게 달리의 얼굴을 물들였다. "그렇게 힘들면 죽지 그래?" 내가 대답했다. "그럴까요?" 달리는 붉게 물든 바다 위에 죽은 듯 표류하더니 들릴 듯 말 듯 한 목소리로 말했다. "믿기지 않아요." "뭐가?" "지금 여기에 있다는 것이요. 한국으로 돌아가면 매일 밤 파도만 이야기하던 이 서친놈 시절이 많이 그리울 것 같아요." 석양에 취한 달리는 잔뜩 감상적인 말을 늘어놓더니 민망한 듯 크게 웃었다. 저 아이는 왜 저리도 순수한 걸까? 그는 고작 바다에 떠 있는 이 작은 순간에 행복을 느낀다. 나는 그가 한국에서 얼마나 치열하고 고단한 삶을 살았을까 추측해 보지만 아무것도 알지 못한다. 다만 그가 누리는 백지 같은 기쁨을 열렬하게 부러워할 뿐이다.

발리 생활 열흘이 지나갈 무렵, 달리는 긴 휴가를 끝내고 한국으로 돌아갔다. 숙소에는 새로운 고수들이 나타났다. 별것 아니지만 내게도 일상에 루틴이 생겼다. 아침 일찍 졸린 눈을 비비며 우당탕탕 서핑을 하고, 군옥수수를 먹고, 숙소로 돌아와 절망의 리뷰를 하고, 손빨래를 하고, 수영을 하고, 늘어지게 낮잠을 자고, 매일 새로운 해변을 걷다가 아무 곳에나 누워 태닝을 하고, 선셋을 보며 맥주를 마시고, 저녁으로 값싼 과일을 먹으며 넷플릭스를 보고, 고양이에게 밥을 주며 하루를 마무리하는 일. 나는 오늘 얼마나 서핑왕에 가까워졌는가? 그런 질문은 이제 하지 않는다. 그저 미래의 내가 부러워할 만한 오늘을 사는 중이라며, 달리의 하루처럼 내게도 순수한 기쁨들이 찾아오기를 열망할 뿐이다.

우붓의 원숭이 소굴

　발리는 진짜 크다. 제주도 세 배 정도의 면적으로, 그 크기만큼 다양한 환경을 경험할 수 있는 섬이다. 여행자의 눈으로 봤을 때 발리는 크게 네 지역으로 나뉜다. 상업 중심지인 덴파사르, 서핑의 성지 남부 해변, 해양 액티비티가 발달한 북동부 해안 그리고 화산을 중심으로 펼쳐진 우붓 산악 지대가 대표적이다. 한라산을 중심으로 동서남북 사방의 분위기가 다른 제주도를 떠올리면 이해가 쉬울 것이다.

　이번에 이야기하고 싶은 곳은 발리의 중부 도시 우붓Ubud이다. 우붓의 지명은 허브와 약초의 산지라는 의미를 담은 발리어 우밧Ubad(약)에서 유래했다고 한다. 도시 전체가 거대한 숲의 일부라 봐도 무방할 만큼 자연과 함께 호흡한다. 우붓은 과거 서양 예술가들이 정착해 활동했기 때문에 예술가의 마을로도 불린다. 곳곳에 미술관이 많은 것도 그런 이유에서다. 약과 예술, 그러니까 치유와 영감이라는 두 개의 유산이 곧 우붓의 정체성을 말한다고 볼 수 있다. 발리 여행을 하기 전부터 우붓은 나에게 익숙한 도시였다. 주위에 우붓을 열렬히 사랑하는 지인이 몇 있었기 때문이다. 채식과 요가를 즐기는 그들은 종종 나무 바닥에 바짝 엎드린 채 발바닥으로 자신의 뒤통수를 누르는 모습을 SNS에 올리곤 했다. 그러고는 이렇게 태그 했다. #우붓 #한달살기 #요가 #전갈자세.

발리 생활 한 달째, 서핑 실력은 도무지 늘지 않고 설상가상으로 갈비뼈에 실금이 갔다. 서핑을 처음 배우는 사람들에게 자주 나타나는 '초보병'이라고 했다. 어쩔 수 없이 며칠간 휴식을 취하기로 했다. '아픈 김에 놀자!' 피로 골절 진단을 받자마자 속으로 '나이스'를 외쳤다. 발리 긍정왕인 나는 우붓행을 결정하고, 바로 다음 날 작은 배낭을 꾸려 여행길에 올랐다.

우붓은 내가 머무는 남쪽 해변 쿠타Kuta에서 두 시간 정도 떨어진 산골에 있었다. 택시를 이용하는 게 일반적이지만, 함께할 일행이 없어 버스를 선택했다. 버스는 듬직하지만 둔한 친구였다. 예상 시간을 훌쩍 넘긴 네 시간여 만에 우붓에 도착했고, 기진맥진한 상태로 호텔 침대에 누워버렸다. 동료 서퍼들이 알려준 맛집 몇 개가 계획의 전부였기에 서두를 필요는 없었다. 전갈자리지만 전갈자세는 할 수 없는 내게 요가는 다음 생의 일이었고, 1박에 수십만 원을 호가하는 숲속 리조트는 영 마음이 내키지 않았다(라고 쓰고 '지갑이 허락하지 않았다'라고 읽는다). 이제껏 여행이 그랬듯 발길 닿는 대로 걷고, 골목을 탐험하고, 지치면 길바닥에 앉아서 맥주를 마시는 게 전부인 시간, 그야말로 유령 같은 여행이었다.

우붓에 도착한 다음 날 아침, 게으른 여행자의 호기심을 자극하는 작은 사건이 일어났다. 현관 앞 테이블에 조식 대신 빈 그릇 하나가 배달된 것이다. 나는 그릇을 들고 프런트로 갔다. "우붓에서는 아침에 접시를 먹는 전통이 있나요?" 프런트 직원은 호텔 지붕을 가리켰다. "저기 당신의 식사가 날고 있네요." 지붕 위에는 회색 털 원숭이 세 마리가 아침 햇살을 받으며 토스트 파티를 벌이고 있었다. 바나나 쟁탈전에서 이긴 한 녀석이 지붕 높은 곳에 올라 나를 내려다봤다. 거만한 얼굴이었다. 욱한 마음으로 지붕에 올라가 한바탕 해볼까 생각도 했지만 참았다. 원숭이의 가슴 근육이 상당했기 때문이다.

그러고 보니 우붓의 실질적인 주인은 원숭이라는 말을 들은 적이 있다. 도시 어디서나 원숭이가 나타난다는 의미였다. 특히 도시 중심에 있는 '몽키 포레스트'는 악명이 높았다. 힌두교 사원 세 곳이 자리한 몽키 포레스트는 다섯 부족의 원숭이가 무리 지어 사는 우붓의 명소였다. 발리의 전설적인 소매치기도 이곳에서 지갑을 털렸다는 소문이 돌았다. 탐험을 떠나기 전에 유튜브를 찾아봤다. 원숭이에게 각종 소지품을 빼앗긴 이야기부터 쫓기고, 습격당하고, 물려 죽을 뻔했다는 이야기까지. 하나같이 원숭이의 폭력성을 증언하는 콘텐츠뿐이었다. 난 겸허한 마음으로 유서를 준비했고, 도중에 펜이 안 나와서 글쓰기를 멈췄다.

당연하게도 원숭이의 숲에는 원숭이가 많았다. 나무 위에도 원숭이가 있고, 바위 위에도 원숭이가 있었다. 눈도 뜨지 못한 채 엄마 젖을 빠는 새끼 원숭이, 주위를 경계하는 어른 원숭이, 만사가 귀찮은 노인 원숭이가 있었다. 회색 원숭이와 갈색 원숭이, 고구마 먹는 원숭이와 사타구니를 긁는 원숭이도 있었다. 핸드폰을 하는 원숭이도 있었는데, 그건 핸드폰을 잃은 인간이 있다는 의미였다. 영화 <혹성탈출>의 시저처럼 말하는 원숭이를 기대했지만 그런 건 없었다. 한편 이곳에는 원숭이만큼이나 많은 인간이 있었다. 사진을 찍는 인간, 사진을 찍으라고 호객하는 인간, 원숭이에게 먹이를 주는 인간, 원숭이의 먹이를 노리는 인간, 인도네시아 인간과 한국 인간, 국적은 모르겠지만 아무튼 서양 인간도 있었다. 그 가운데 나는 잔뜩 쫄았지만 티 내지 않으려고 노력하는 인간이었다. 문신이 많은 덩치를 마주했을 때처럼 최대한 눈을 깔고 걸었다.

숲에서 어느 정도 시간을 보내고 나니 긴장이 조금 풀렸다. 걸음을 멈추고 원형 극장에 앉았다. 숨을 고르자 눈이 밝아졌다. 끝을 가늠하기 힘들 만큼 울창한 나무줄기 사이에서 새로운 것들이 보이기 시작했다. 다람쥐, 개구리, 새, 나비, 개미, 버섯, 꽃, 이끼, 움직이지 않는 바위와 아주 작은 숨을 쉬는 그 어떤 생명까지. 숲에서는 모든 것이 자기만의 박동을 가진 것처럼 보였다. 이 웅장한 생명의 둥지 안에서 나는 왜 그렇게 호들갑을 떤 걸까. 실상 가장 무서운 건 타인의 영역을 무시하는 인간일 터였다. 저마다의 고유한 질서를 온전히 바라보고 침범하지 않으려 노력할 때, 자연은 누구도 해치지 않는다

그런 생각을 하는데 문득 무리에서 떨어진 원숭이 한 마리가 빠른 속도로 다가왔다. 그를 필두로 원숭이 두세 마리가 삥이라도 뜯으려는 것처럼 내 주위를 빙글빙글 맴돌았다. 내가 뭘 잘못한 걸까…. 그저 감상에 젖어 잠시 아련해진 것뿐인데…. 오줌이 마려웠다. 당장에 뭐라도 바치고 싶었지만 가진 게 없었다. 다행히도 불량배 원숭이들은 내가 가난뱅이라는 것을 눈치챈 모양인지 이내 자리를 떴다. 자기들끼리 뭐라고 얘기를 한 것 같은데 하찮은 인간인 나로서는 그게 욕인지 덕담인지 알 수 없었다.

두어 시간 동안의 산책을 마치고 나오는 길에 이런 생

각을 했다. 몽키 포레스트의 방점은 몽키가 아니라 포레스트에 있다는 것. 숲을 다녀간 몇몇 인간은 원숭이의 포악한 실체를 폭로한다며 오두방정을 떨어대지만, 그들은 미처 숲을 보지 못한 사람이라는 생각이 든다. 원숭이의 숲에서 인간과 원숭이는 서로를 구경하고, 숲은 그 둘 모두를 지켜본다. 인간과 원숭이와 날짐승과 작은 생명, 이름 모를 무덤이 나무 지붕 아래 함께 있는 것이다. 서로의 영역을 거스르지 않는 상태로, 숲의 일원이 된 자기 자신을 타이르면서.

지구 반대편에서 시작된 듯 맹렬하게 솟은 나무 기둥을 보고 있자면, 숲은 어떤 상태가 아닌 거부할 수 없는 하나의 사건처럼 느껴진다. 숲이라는 지구의 거대한 뿌리 안에서, 가늠할 수 없이 깊게 뻗은 심연 안에서 인간인 내가 할 수 있는 건 별로 없다. 그저 "개쩐다!" 하고 비속하지만 온전하게 숲을 추앙하는 일뿐이다.

내가 깊은 잠에 빠지면 모두가 웃어줘

시작은 창대했으나 그 끝은 늘 미약했다. 서핑왕이 되겠다며 발리로 떠났지만 나는 일찌감치 알고 있었다. 나란 인간은 재능도 끈기도 쥐뿔도 없다는 것을. 발리 생활 두 달째, 우기가 시작됐다. 비가 내리고 비가 그치고 불타오르고, 또 비가 내리고 비가 그치고 불타오르기를 반복했다. 하루에도 몇 번씩 속옷이 젖는 게 속상해서 발리를 떠나기로 마음먹었다. 때마침 히말라야가 있는 네팔은 이제 막 건기가 시작됐다고 했다. '서핑은 실패했지만 등산에는 소질이 있을지도?' 아마 그런 생각을 했던 것 같다. 그렇게 발리 생활 2개월 만에 다시 배낭을 꾸렸다. 낯선 곳에서의 새로운 여행. 하지만 인생은 이상하게 흐르고, 나는 졸지에 죽음을 생각하는 처지가 됐다.

네팔로 가기 전 태국에 먼저 들렀다. 새로운 도전에 앞서 충전이 필요했기 때문이다. 팬데믹 이후 처음 들른 태국은 여전히 맛있고 여전히 분주하고 여전히 신났다. 방콕을 먹고 치앙마이를 산책하고 빠이에서 춤췄다. 10년 만의 빠이는 예전 그대로였다. 작고 소박한 식당과 아늑

한 풍경, 느릿한 시골 사람들, 사원의 기도와 저녁 새의 울음이 함께 들리는 저녁이 좋았다. 걱정이 없는 것이 유일한 걱정인 단조로운 일상. '이대로 여행이 끝나지 않았으면….' 생각하며 고양이 영상에 '좋아요'를 누른 바로 그날 아침, 사고가 일어났다.

오토바이 사고였다. 일출을 보고 룰루랄라 콧노래를 부르며 오토바이를 몰던 길에 검은 개 한 마리가 차도로 뛰쳐나왔다. 감전된 듯 날뛰는 검둥이를 피하기 위해 핸들을 급하게 꺾었고, 나는 오토바이와 사이좋게 한 몸이 되어 아스팔트 위를 굴렀다. 잠깐의 암전. 쪽팔리니까 얼른 일어나야겠다고 생각하며 바닥을 짚었는데, 두 팔이 힘없이 꺾이며 얼굴이 바닥에 처박혔다. 그런 나를 보며 검은 개가 하품을 했다. "뻑킹 독! 우라질! 뻑킹 독!" 나는 잔뜩 화가 나서 엉엉 울었다. 서러운 울음소리를 듣고 나온 동네 주민이 구급차를 불렀고, 그의 도움으로 병원으로 옮겨졌다. 검사 결과 쇄골과 갈비뼈, 날개뼈까지 모두 여섯 개의 뼈가 부러졌다고 했다. 어깨 인대가 파열되고, 폐에도 피가 찼다고 했다. 혈압은 200 밑으로 떨어질 생각을 하지 않았다. '여기서 끝인가.' 주마등 같은 걸 느끼며 엑스레이 사진을 봤는데, 부러진 쇄골이 웃는 모양으로 구부러져서 나도 모르게 웃음이 나왔다.

의사는 치앙마이의 큰 병원으로 갈 것을 권했다. 빠이에서 치앙마이까지 구불구불 762개의 고개를 넘어가는 동안 나는 거의 762번 기절했다. 마약성 진통제를 세 방이나 맞았지만 소용이 없었다. 구제 불능의 약쟁이 같은 몰골로 도착한 치앙마이 병원에서 의사는 수술을 권했다. 병원비를 알아보니 천만 원이 훌쩍 넘을 거라고 했다. 나는 가난했으므로 귀국을 선택했다. 하필 한국까지 직항으로 운행하는 건 대한항공뿐이었다. 국적기의 비싼 가격 때문인지, (마약성) 진통제의 놀라운 효과 때문인지 심장이 쿵쾅거렸다. 휠체어 신세를 지며 비행기에 올라탔고, 그걸로 나의 여행은 끝이 났다.

한국에 돌아와 종합병원 흉부외과에 입원했다. 폐의 피가 빠지기 전에는 부러진 뼈를 수술할 수 없다고 했다. 기다리는 동안 뼈가 동그랗게 말리면 어쩌나, 하는 공포보다 네팔행 티켓을 환불할 수 없다는 사실이 더 무서웠다. "오빠 괜찮아?" 소식을 들은 동생의 전화에 아무렇지도 않은 척 대답했다. "버거킹 좀 사다 줘." 평소에는 맥도날드밖에 먹지 않는데, 웬일인지 어리광을 피우고 싶었다.

흉부외과 입원실은 노인 환자가 대부분이었다. 그들은 타인의 도움 없이는 혼자 용변도 가리지 못했다. 중환자가 많아 간호사가 모든 수발을 들었다. 커튼 너머로 환자와 간병인 사이에 다투는 소리가 자주 났다. 병원에 입원하고 이튿날 밤에는 바로 옆 침상 할아버지가 돌아가셨다. 의사와 간호사의 대화를 들어보니 고인의 가족은 하루 뒤에나 도착한다고 했다. 내 앞자리 할아버지는 며칠째 누워만 있어서 등에 욕창이 났다. 밥, 숨, 똥, 어느 것 하나 스스로 하지 못하는 무기력한 풍경이었다. 서핑이 전부인 일상에선 한동안 죽음에 대해 생각하지 않았는데, 이곳에선 죽음에 대해서만 생각하게 됐다.

 죽음은 막상 아무 일도 아닌 것 같다가도, 죽음을 둘러싼 여러 얼굴을 떠올리면 그게 괴로웠다. 당장 일주일 전까지만 해도 클럽에서 개다리춤을 추고 있었는데…. 눈앞의 현실이 일종의 기획된 사기극 같았다. 맥주도, 고양이도, 뉴진스도 없는 병상에서 나는 가능한 한 먼 곳을 상상하려 노력했다. 심해어의 맛을 상상하다가, 우주인의 발가락 개수를 세어보다가, 엄청난 부자가 되어 금은보화로 가득한 수영장에서 헤엄치는 꿈을 꿨다. 하지만 까무룩 잠이 들었다 깨어나면 모든 건 죽음이라는 명징한 단어 안으로 흡수되듯 사라졌다.

 병상에 꼼짝없이 누워 나는 조금 더 확실한 죽음을 생각했다. 죽음 이후에 벌어질 일, 그러니까 남은 사람들을 위한 유언을 준비하고 싶었다. '아무도 슬퍼하지 않았으면 좋겠어.' 아무리 생각해도 내가 남길 말은 그게 전부였다. 그걸 실행하기 위해선 몇 가지 준비물이 필요했다. 캠코더 하나, 건강한 몸뚱어리 하나 그리고 빛나는 유머 감각. 오랜 고민 끝에 내린 결론. 나는 영화를 찍을 거다. 내가 연출하고, 내가 주연인 영화를 남길 거다.

내용은 이렇다. 남자(김건태)는 비가 내리는 계단에서 출싹거리다 미끄러진다. 주위의 모두가 깜짝 놀란다. 하지만 남자는 일어나지 않고 그대로 계단에 앉아 책을 꺼내 읽는다. 등이 다 쓸리고 엉덩이가 젖고 책은 거꾸로 들었지만, 그는 천연덕스러운 표정으로 "책 읽기 딱 좋은 날씨네."라고 말한다. (여기에서 깔깔거리는 웃음 효과가 들어간다.) 두 번째 장면에서 남자는 갑자기 달리다가 신호등에 머리를 박는다. 또 주위의 모두가 깜짝 놀란다. 하지만 사실 남자는 머리를 박은 척하며 손바닥으로 신호등을 친 거였다. (이때 카메라는 사람들의 벙찐 표정을 클로즈업하고, <무한도전>의 해골 효과가 박힌다.) 남자는 구덩이에 빠지고, 대포에 담겨 쏘아지고, 악어에 다리를 물린다. 그런 멋지고 유치한 장면이 영화 내내 이어진다. 이런 게 무슨 재미냐고? 단언컨대 슬랩스틱은 세대를 아우르는 유일한 장르다.

나의 기일에는 모두가 웃으면 좋겠다. 혹 누군가 눈물을 흘린다면 나는 죽어서도 견딜 수 없을 거다. 향을 피우지도 말고, 엄숙한 표정을 짓지도 말고, 그저 각자의 집에서 생전에 내가 좋아했던 감자면을 끓여 먹으며 '김건태 슬랩스틱 비디오'를 감상하면 좋겠다. "저 철딱서니 없는 사람이 너의 증조할아버지란다." "웃기는 짬뽕이네." 그런 대화를 나눠주면 좋겠다. 하지만 막상 그날이 오면 나는 대화에 낄 수 없으니 엔딩 크레디트에 들어갈 마지막 말을 여기에 적어둔다.

"죽어서도 웃길 수 있어 다행입니다."

Epilogue

...

(1938-2017)

내게 사랑을 알려주신 ㄴ의 분홍색 할머니에게
이 책을 보낸다.

망하지 않으려는 K의 실패형 생존 에세이

괜찮은 척하면 진짜 괜찮아져

1판 1쇄 발행 2025년 6월 18일

글·사진	김건태
책임편집	이주연(산책방)
디자인	studio gomin

펴낸이	송원준·김이경
펴낸곳	(주)어라운드
출판등록	제 2014-000186호
주소	03980 서울시 마포구 동교로51길 27 AROUND
문의	070-8650-6375
팩스	02-6280-5031
전자우편	around@a-round.kr
ISBN	979-11-6754-048-5 (03800)

이 책은 저작권법에 따라 보호받는 저작물이므로
무단 전재와 무단 복제를 금합니다.